Michael Losse
Kleine Burgenkunde

Michael Losse

Kleine Burgenkunde

REGIONALIA

für *Ilga*

Abbildungen auf Cover und Seiten 2-10:
Cover oben 4 Bilder: links außen: Burg Rheineck, Sammlung Alexander Duncker, gemeinfrei;
    zweites von links: Genovevaburg Mayen, Bruno Hof
    zweites von rechts: Marksburg Grundriss, Archiv Deutsche Burgenvereinigung
    rechts außen: Burg Olbrück, Bruno Hof
Cover Hintergrund: Dover Bildarchiv
Cover großes Bild im Vordergrund: Wartburg.
    Wartburg-Stiftung Eisenach Fotothek (Elke Ehrich)
Seite 2: s. S. 105 im vorliegenden Band
Seite 5: s. S. 54 im vorliegenden Band
Seite 10: s. S. 72 im vorliegenden Band

Michael Losse, Kleine Burgenkunde
Copyright © 2011 Regionalia Verlag GmbH, Euskirchen
Alle Rechte vorbehalten
Einbandgestaltung: Derek Gotzen, für agilmedien, Niederkassel
Layout und Satz: paquémedia, Ebergötzen

Druck und Bindung: Reálszisztéma, Dabas, Hungary

Printed in Hungary

ISBN 978-3-939722-39-7

www.regionalia-verlag.de

Abkürzungsverzeichnis

A	Österreich		MV	Mecklenburg-Vorpommern
A.	Anfang		n. Chr.	nach Christus
BE	Berlin		NL	Niederlande
BY	Bayern		NRW	Nordrhein-Westfalen
BR	Brandenburg		NS	Niedersachsen
BW	Baden-Württemberg		OG	Obergeschoss
bzw.	beziehungsweise		PL	Polen
ca.	circa		RO	Rumänien
CH	Schweiz		RP	Rheinland-Pfalz
CYP	Zypern		S	Sachsen
CZ	Tschechische Republik		s.	siehe
D	(Bundesrepublik) Deutschland		SA	Sachsen-Anhalt
d.h.	das heißt		SH	Schaffhausen
Dr.	Drittel		SL	Saarland
E.	Ende		SLH	Schleswig-Holstein
ebd.	ebenda		s.o.	siehe oben
ehem.	ehemalige / ehemaligen / ehemaliges		sog.	sogenannt / sogenannter / sogenanntes
etc.	et cetera		SRB	Serbien
F	Frankreich		s.u.	siehe unten
fr.	frühen / frühes		SYR	Syrien
franz.	französisch		T	Tirol
GR	Griechenland		TG	Thurgau
H.	Hälfte		TH	Thüringen
ha	Hektar		TR	Türkei
HB	Bremen		u.a.	unter anderem
HE	Hessen		u.ä.	und ähnlich
HH	Hamburg		urspr.	ursprünglich
i.d.R.	in der Regel		V.	Viertel
inkl.	inklusive		v.	von (als Adelsprädikat)
Jh.	Jahrhundert(s)		v.a.	vor allem
JH	Jugendherberge		v. Chr.	vor Christus
kg	Kilogramm		vgl.	vergleiche
km	Kilometer		z.B.	zum Beispiel
lat.	lateinisch		z.T.	zum Teil
m	Meter		z.Zt.	zur Zeit
M	Malta			
M.	Mitte			

Inhalt

Ca. 1102. Pfullendorf 1877.

I   Einleitung

Jede/r meint heute zu wissen, was eine Burg ist bzw. war. Doch ist das vom TV und anderen Medien verbreitete und auf zahllosen „Mittelaltermärkten" gepflegte Bild von „der mittelalterlichen Burg" meist alles andere als realistisch. Vieltürmige Burgen mit Zugbrücken, Verliesen und tiefen Brunnen, mächtig, trutzig und oft umkämpft, verteidigt von einer großen Zahl „edler Ritter und Recken" – das sind Klischees, die sich hartnäckig halten. Erst in den letzten Jahrzehnten konnte von der Burgenforschung ein realistischeres Bild der hoch- und spätmittelalterlichen Adelsburgen – diese unterschieden sich funktional und strukturell deutlich von frühmittelalterlichen Großburgen – gewonnen werden. Mit dem hier vorgelegten Buch, das an interessierte Laien gerichtet ist, wird, basierend auf neuesten Erkenntnissen der wissenschaftlichen Burgenforschung, aber allgemeinverständlich, ein realistisches Bild der Entwicklung mittelalterlicher Burgen von den Anfängen bis zur Burgen-Romantik des 19./frühen 20. Jh. vermittelt.

Der professionellen **Burgenforschung** steht heute ein breit gefächertes Instrumentarium effizienter Erforschungs- und Dokumentationsmethoden zur Verfügung:

- Durch **archivalische Forschungen** gewinnt die urkundliche Überlieferung für die Burg-Bau- und Besitzgeschichte an Bedeutung. Für spätmittelalterliche Burgen und frühneuzeitliche Schlösser können zudem, sofern vorhanden, Baurechnungen und Planmaterial herangezogen werden.

- Mittels der **Bauforschung** ist es möglich, einzelne Bauphasen einer Burg zu identifizieren, die zeitliche Abfolge einzelner Bauten und Gebäudeteile zu bestimmen. Anhand von Baufugen, Mörtelzusammensetzungen, Steinmaterial und -formaten, der Spuren von Steinbearbeitungs- und -hebewerkzeugen an Steinen, von Bauplastik und Schießschartenformen lassen sich Datierungen vornehmen.

- Mit Hilfe der **Dendrochronologie**, der Erstellung eines (Baum-)Jahrringkataloges, läßt sich das Fälldatum von Hölzern (v.a. Eiche, Nadelhölzer) und somit ihre Verwendung beim Bau ermitteln – man griff in der Regel auf frisch gefälltes Holz zurück.

- Die 1981 in Deutschland an der Universität Bamberg wissenschaftlich etablierte **Mittelalter-Archäologie** bietet Möglichkeiten, durch Auswertung des Fundmaterials (z.B. Geschirr, Gebrauchsgegenstände, Spielzeug, Waffen) Erkenntnisse über den Alltag auf Burgen zu gewinnen.

- **Archäobotanik** und **Archäozoologie** ergänzen die Mittelalter-Archäologie. Sie liefern Informationen zur Fauna und Flora vergangener Epochen (z.B. Burggarten als Küchengarten), zur Tierhaltung und Ernährung.

Erst die umfassende Dokumentation einer Burg, beginnend mit einem genauen Aufmaß und einer detaillierten Beschreibung, unter Einbeziehung der hier aufgelisteten Forschungsmethoden bietet letztlich die optimale Grundlage zu ihrer Erhaltung. Beratung zum adäquaten Umgang mit mittelalterlichen Burgen bietet die **Deutsche Burgenvereinigung (DBV)**, eine der ältesten nicht-staatlichen Organisationen in Europa, die sich der Erhaltung des kulturellen Erbes widmet. Gegründet wurde sie 1899 in Berlin als „Vereinigung zur Erhaltung deutscher Burgen", um der zunehmenden Zerstörung von Burgen und historischen Wehr- und Wohnbauten, aber auch falschen Restaurierungen Einhalt zu gebieten. Voraussetzung für beides war und ist die Burgenforschung. Von Anfang an fanden sich in der DBV Burgenforscher und Restauratoren, Burg- und Schlossbesitzer und v.a. interessierte Laien zusammen. Oberstes Ziel der DBV ist nach wie vor die Erhaltung der historischen Wehr- und Wohnbauten als Zeugnisse der Geschichte und Kultur, als Denkmäler der Bau- und Kunstgeschichte und als prägende Elemente unserer Kulturlandschaft (Informationen: www.deutsche-burgen.org).

Neben der DBV sind die **Wartburg-Gesellschaft zur Erforschung von Burgen und Schlössern e.V.**, 1992 auf der Wartburg in Eisenach als internationale Forschungsgesellschaft gegründet (www.wartburggesellschaft.de), und der **Marburger Arbeitskreis für europäische Burgenforschung e.V. (MAB)** als wichtige in der Burgenforschung tätige Vereinigungen genannt, ebenso wie die **Gesellschaft für Internationale**

Burgenkunde e.V. Aachen (GIB) (http://burgenkunde.de).

Wie vom Verlag gewünscht, wurden zur Illustration dieses Buches historische Abbildungen vewendet, da spätmittelalterliche und frühneuzeitliche Druckgraphiken sowie Zeichnungen aus der Burgenliteratur des 19. Jh. vielfach die in den Texten geschilderten Sachverhalte besser dokumentieren: Nahezu alle mittelalterlichen Burgen unterlagen über die Jahrhunderte ihres Bestehens wiederholt baulichen Veränderungen; dazu gehören Umbauten, Erweiterungen, Reparaturen nach Sturm-, Blitz-, Brand-, Erdbeben- oder Kriegsschäden, Anpassungen an neue Kampf- und Verteidigungstechniken, Umgestaltungen aufgrund veränderter Ansprüche an den Wohnkomfort, bauliche Reduzierungen und Teilabbrüche in der Neuzeit, in der keine Wehrgänge oder andere Verteidigungsanlagen mehr benötigt wurden, und schließlich schleichender oder gezielter Abbruch zur Gewinnung von Baumaterial im 19./frühen 20. Jh.

Auch in unserer Zeit kommt es, insbesondere durch zweckfremde Umnutzungen, aber auch durch Baumaßnahmen, häufig zu Verlusten historischer Bausubstanz an Burgen oder gar zum Verschwinden ganzer Objekte, etwa durch Steinbruchbetrieb. Zur Erhaltung der verbliebenen Burgen können alle Burgenbesucher/-innen beitragen, indem sie darauf verzichten, auf Mauern und Wällen herumzuklettern, Lagerfeuer innerhalb alter Gemäuer oder gar direkt an Mauern anzuzünden etc. Große Schäden haben innerhalb der letzten Jahre zunehmend Raubgräber angerichtet, die auf ihrer illegalen und strafbaren Suche nach „Schätzen" und Metallgegenständen archäologische Befunde in Burgruinen zerstören! Zögern Sie bitte nicht, solche Zerstörer unseres kulturellen Erbes anzuzeigen bzw. die Polizei zu verständigen, wenn sie solche Menschen auf frischer Tat ertappen. Und schließlich hat auch die Nutzung sog. Mountainbikes zu starken Schäden am vielen Burgruinen geführt. Helfen Sie, liebe Leser und Leserinnen, bitte mit, diese besonderen Baudenkmäler zu schützen!

Ich danke all jenen, die zum Entstehen des hier vorgelegten Buches beigetragen haben, darunter mehreren Kollegen/-innen aus dem Wissenschaftlichen Beirat der Deutschen Burgenvereinigung und dem Marburger Arbeitskreis für europäische Burgenforschung sowie aus dem Nellenburger Kreis, allen voran jedoch meiner Lebensgefährtin Ilga Koch sowie dem Verleger Bruno Hof für die sehr angenehme und ergiebige Zusammenarbeit! Desweiteren danke ich Elmar Altwasser M.A., Prof. Horst Wolfgang Böhme, Dipl.-Ing. Elmar Brohl, Prof. Tomáš Durdík, Dr. Hermann Fabini, Uwe Frank, Martina Holdorf M.A., Jürgen Keddigkeit M.A., Dr. Heiko Laß, Dr. Mathias Piana, Ralf Schrage.

Dr. Michael Losse

Andelfingen (CH), Burg (Kupferstich-Ausschnitt aus: Merian, Topographia Helvetiae ..., 1642).

II Mittelalterlicher Burgenbau

1 Das Klischee von der „Ritterburg"

Im 18./19. Jh. kam der im Volksmund und in der populärwissenschaftlichen Literatur heute noch genutzte Begriff „Ritterburg" auf, der dem verklärten Mittelalterbild der Romantik entstammt und von Wissenschaftlern inzwischen abgelehnt wird. Die heutige interdisziplinäre

Burgenforschung versteht unter einer Burg in (Mittel-)Europa einen mehr oder weniger wehrhaften und repräsentativen Adelswohnsitz des Zeitraumes 11.-15. Jh.; entsprechend hat sich die Bezeichnung Adelsburg durchgesetzt. Zudem gab es Sonderformen – z.B. Zoll-, Kreuzfahrer-, Trutz- und Belagerungsburgen –, wobei letztere eher „Militärbauten" waren als die Adelsburgen. Auch einige ur- und frühgeschichtliche Befestigungen werden Burgen genannt. So gab es in der keltischen, zur älteren Eisenzeit zählenden Hunsrück-Eifel-Kultur (7./6.-4. Jh. v. Chr.) im Gebiet zwischen Kölner Bucht, Luxemburg und Rheinhessen eine bemerkenswerte Burgenbauphase. Und gegen Ende der römischen Herrschaft (4. Jh.) entstanden im heutigen Deutschland vielerorts Höhenbefestigungen, etwa in der Eifel. Primäres Thema dieses Buches sind jedoch mittelalterliche Burgen, besonders Adelsburgen etwa des 11.-15. Jh. im Reichsgebiet des *Heiligen Römischen Reiches (Deutscher Nation)*, wobei der Blick wegen der vielfältigen Einflusslinien immer wieder über dessen Grenzen hinausgeht.

Der **Adel** war Hauptträger des Burgenbaues: Zu Beginn des Mittelalters gehörten zum Stand der freien Grundbesitzer außer dem König, Herzögen, Hausmeiern, Grafen und Bischöfen auch freie

Schulbild einer „Ritterburg im XIII. Jahrhundert" (aus: Ad. Lehmann's kulturhistorische Bilder, Nr. 2. Leipzig 1880).

Burg Fleckenstein/Elsaß (F). Kupferstich von Merian (aus: Topographia Alsatiae, 1643/44).

Burg Wildenstein/Donau (BW). Kupferstich von Merian (aus: Topographia Sueviae, 1643). Beide Abbildungen zeigen die Burgen in Proportionen und Höhen völlig übersteigert und belegen, dass es bereits vor dem 19. Jh. Klischee-Darstellungen von Burgen gab.

Bauern; daneben gab es Hörige und Unfreie. Im fränkischen Reich existierten Gaue, innerhalb dieser bestanden Grafschaften – von Grafen als königlichen „Beamten" geleitete Verwaltungseinheiten. Die Grafen hatten zivile (Verwaltung, Justiz, Friedenswahrung) und militärische Aufgaben (Heeresaufgebot). Als „Beamte" wurden sie vom König in ihr Amt eingesetzt; anders als im Hochmittelalter konnte diese Stellung bis ins 10. Jh. nicht vererbt werden. Doch als das fränkisch-karolingische Königtum an Macht verlor, gelang es einigen hochadeligen Geschlechtern, das Grafenamt über mehrere Generationen für ihre Familie zu wahren.

Bis zum 11. Jh. entwickelte sich aus dem Adel/den Edelfreien der Reichsadel, den der König zu bestimmten Diensten heranzog. Mit der sukzessiven Inanspruchnahme von Hoheitsrechten und ihrer Weitergabe innerhalb einer Familie entstand eine kleine Gruppe von Dynastenfamilien, deren Angehörige in mittelalterlichen Urkunden *princeps* (Fürst) genannt wurden und die an der Spitze des Adels standen. Ab etwa 1180 existierte ein Reichsfürstenstand, seitdem konnten Grafen und andere Adelige nur noch vom König zu Fürsten erhoben werden. Um 1250 gab es 38 Fürsten im Reich. Kaiser Friedrich II. erließ die Fürstengesetze (1220, 1231), die einen Verzicht des Königtums auf einige wichtige Hoheitsrechte (Geleit-, Münz-, Zollregal) zugunsten der kirchlichen und weltlichen Reichsfürsten brachten. Auch das Befestigungsrecht mit dem Burgen- und Städtebau ging de jure vom König auf die Fürsten über.

Wichtige Träger ritterlich-höfischer Kultur in Deutschland waren **Ministe-**

riale – meist dem Stand der Unfreien entstammend –, die im Verwaltungs-, Kriegs- oder Hofdienst bei höherrangigen Herren standen und die, teils erst in folgenden Generationen, in den Adel aufstiegen. Nachdem in Urkunden urspr. zwischen Edelfreien (*nobiles*) und Ministerialen (*ministeriales*) unterschieden wurde, findet sich ab dem 13. Jh. zunehmend der Begriff *miles* (Ritter, Krieger) für beide. Die Grenzen verschwammen auch dadurch, dass häufiger Edelfreie in die Ministerialität eines Grafen oder Reichsfürsten eintraten, da ihnen der Dienst für einen Dynasten oder (Erz-)Bischof größere soziale Sicherheit brachte.

Mittelalterliche Burgen im heutigen deutschen Sprachgebiet waren meist Wohnsitze von Adelsfamilien, deren Herrschaftsbasis Grundbesitz/-herrschaft sowie Lehen bildeten. Burgen waren für sie Zentren ihrer Politik und Verwaltung, setzten Zeichen in der Landschaft, „besetzten" diese optisch und zeigten, wer das Land beherrscht. Landesausbau und herrschaftliche Durchdringung einer Region waren wesentlich mit dem Besitz von Burgen verbunden, die wichtige Mittel der Territorialpolitik sowie Wirtschaftszentren sein konnten. Jene Adelsburgen des 12.-14. Jh. mit markanten Türmen, die mit dem Begriff „Ritterburg" assoziiert wurden, markieren den Höhepunkt, fast schon das Ende der Architekturform Burg.

In den letzten Jahrzehnten gelang es der Burgenforschung, durch archäologische Ausgrabungen und Bauforschung ältere Vorgängerbauten solcher Burgen zu erkennen und damit die Entwicklungsgeschichte der mittelalterlichen

Adelsburg und ihre Anfänge im 10./11. Jh. differenzierter darzustellen. Vorausgegangen war eine Abkehr von der beinahe alleinigen Betrachtung militärischer Aspekte und der äußeren Gestaltung der Burgen und eine neue Interpretation ihrer auch ideellen und symbolischen Funktionen sowie ihrer Bedeutung im jeweiligen geographisch-historischen Umfeld (Zeune 1996). Die Burgenkunde des 19. Jh. hatte mittelalterliche Burgen nicht selten als oft umkämpfte Wehrbauten interpretiert, die ihr Umland militärisch „beherrschten". Der ruinöse Zustand der meisten Burgen ist jedoch nicht auf Zerstörungen in Kriegen zurückzuführen – sie verfielen oder wurden in der (Frühen) Neuzeit zerstört oder gezielt abgebrochen.

2 Burgen im Frühmittelalter

Archäologische Grabungen und Bauforschung haben innerhalb der letzten Jahrzehnte die Kenntnis über frühmittelalterliche Burgen sehr bereichert. So wurde deutlich, dass Wurzeln der hoch-/spätmittelalterlichen Adelsburg teils ins 9./10. Jh. zurückreichen, wenn sich auch die oft großflächigen frühmittelalterlichen Burgen in Form und Funktionen von den späteren Adelsburgen unterschieden. Die Entwicklung vollzog sich nicht stringent, vielmehr existierten über längere Zeit in der Übergangsphase verschiedene Burgentypen nebeneinander.

Großburgen von der fränkischen bis zur ottonischen Zeit (8. bis 11. Jahrhundert)

Schon vor der Zeit der Adelsburgen gab es eine Vielzahl von Burgen und Befestigungen, darunter im 8.-10. Jh. bemerkenswert viele große Burgen (1-5 ha, teils sogar über 16 ha Fläche). Mehr als 1.000 Großburgen lassen sich in Deutschland nachweisen (H. W. Böhme). Die Notwendigkeit zur Anlage befestigter Plätze zu jener Zeit ergab sich aus Thronstreitigkeiten, Adelsaufständen, Fehden und Invasionen, nicht nur in Grenzgebieten (Normannen, Sachsen, Slawen, Ungarn), wie zeitgenössische Schriftquellen berichten, in denen Burgen namentlich Erwähnung fanden. Burgen dienten als Wehrbauten, Sammelplätze des Militärs und Refugien für die Bevölkerung. Mächtige Adelige errichteten aber auch gegen den König gerichtete Befestigungen, so um 915 auf dem Hohentwiel BW im Aufstand zur Wiedererrichtung des von den Franken liquidierten schwäbischen Herzogtums. Spätestens seit der Karolingerzeit stand das Recht, Burgen und Befestigungen zu bauen bzw. zu genehmigen dem Herrscher zu. Karl der Kahle legte 864 für sein Westfrankenreich fest, dass ohne Genehmigung des Königs erbaute Burgen abgebrochen werden sollten. Letztlich hatten die Könige aber kaum Möglichkeiten, den Adel zu kontrollieren. Das Recht zum Burgenbau wurde vom König an Herzöge und Markgrafen übertragen. Während der Krisenzeiten des Königtums bauten Adelige ohne Genehmigung auf ihrem Eigenbesitz Burgen.

Im Zeitraum 8.-10./11. Jh. errichtete Wehrbauten wurden und werden oft undifferenziert und fälschlich „Wallburgen", „Ringwälle" oder „Abschnittswälle" genannt. Die Bezeichnungen rühren daher, dass die verfallenen Ringmauern dieser Burgen heute als Wälle erschei-

Potsdam (BR), Römerschanze. Teilansicht des holzverstärkten Walles.

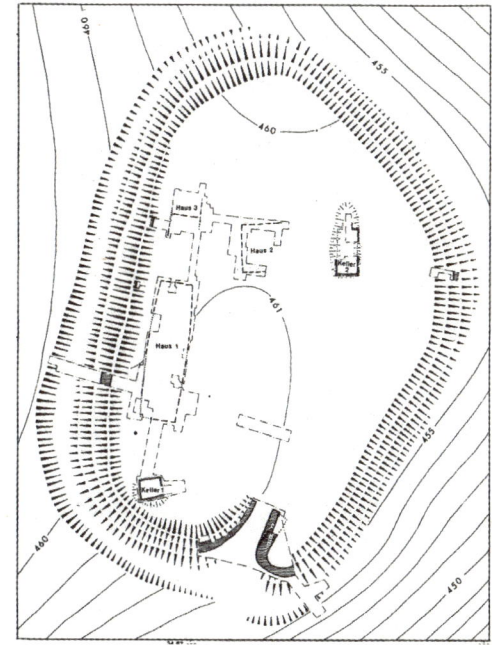

Burg Hünenkeller (Lengefeld, HE) mit Zangentor, Grundriss (aus: Gensen 1979).

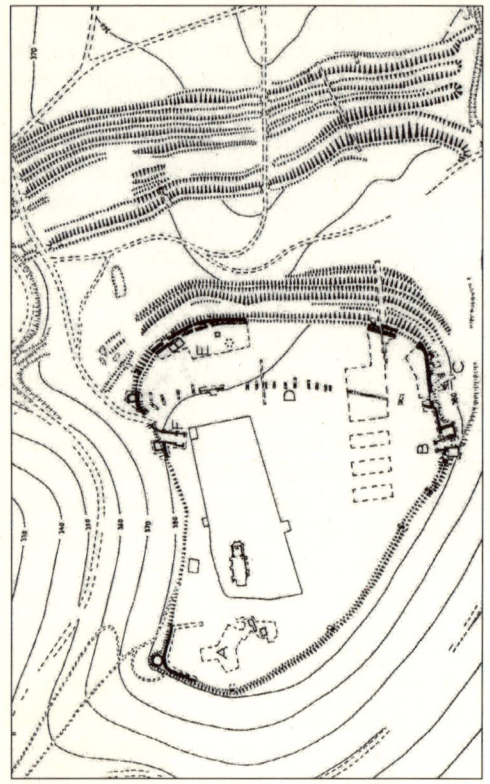

Kesterburg/Christenberg (HE), Grundriss (aus: Gensen 1979).

nen. Zwar gab es Holz-Erde-Befestigungen, deren Wälle aus aufgeschichteter Erde bestanden, doch häufig waren die Umwallungen schon im Frühmittelalter durch Holzpfosten oder/und Steinkonstruktionen stabilisiert worden. Pfostenschlitzmauern gab es bereits in der Eisenzeit: Je eine enggestellte Standpfostenreihe an der Außen- und Innenseite verbanden hölzerne Längs- und Querriegel; dieses Holzgerüst stützte die Mauer, deren Steinlagen in Lehm verlegt waren.

Hölzerne, mancherorts mit Zinnen versehene Brüstungen schützten die Verteidiger. Vermittelt über die Franken, durch deren Kenntnisse antiker Bauten, setzte sich Mörtelmauerwerk dann im Burgenbau durch (Büraburg HE; Kesterburg/Christenberg HE).

Im Wall bzw. der Ringmauer öffneten sich einfache Mauertore oder Eingänge mit überlappenden Mauerenden, die öfter durch hölzerne Konstruktionen oder Obergeschosse zusätzlich geschützt waren. Typisch für die (fränkisch-)karolingische (800-911) und ottonische Zeit (919-1024) waren Zangentore, deren Mauerenden viertelkreisförmig nach innen abbiegend eine Torgasse bildeten. Flankierende runde oder rechteckige Wehrplattformen kamen, je nach Region, offenbar ab dem 10. Jh. vereinzelt vor, doch fehlen hohe Türme, wie überhaupt hohe, für „die klassische Adelsburg" so prägende Bauten.

Die Innenbebauungen bestanden überwiegend aus eingeschossigen Holzbauten, Pfosten- und Grubenhäusern. Neben Wohn- und Speicherbauten wurden in frühmittelalterlichen Großburgen archäologisch auf Handwerk, Produktion, Handel und Gewerbe verweisende Gebäude nachgewiesen, womit sich ihre Großflächigkeit erklärt: Die Großburgen waren Wehr-, Schutz- und Verwaltungsbauten, Handels- und Wirtschaftszentren, Produktions- und bisweilen auch Münzstätten, zudem Orte der Rechtsprechung, Versammlung und kirchlichen Organisation einer Region (Kesterburg/Christenberg HE mit der „Mutterkirche" umliegender späterer Pfarreien). Wie manche der befestigten keltischen *oppida* konnten frühmittelalterliche Großburgen als stadtähnliche Gebilde Zentralfunktionen übernehmen, daher findet sich für sie die Bezeichnung Landesburg.

Mancherorts konnte festgestellt werden, dass in der Nähe auf Höhen angelegter Großburgen ein im Tal gelegener Herrenhof (lat. *curtis*; auch *Fronhof*) bestand. Daraus wurde geschlossen, dass zu einer königlichen, aber auch herzoglichen, adeligen, bischöflichen oder klösterlichen Grundherrschaft (*Villikation*) bis zum 11. Jh. vielfach ein Herrenhof und eine Burg gehörten, die der Verwaltung und dem Schutz der Güter, Ländereien, Höfe und Forste dienten. Mancherorts mag sich aus einer *curtis* eine Burg entwickelt haben (Bohlingen BW). Weit weniger frühmittelalterliche Burgen als lange angenommen dienten hingegen als bloße Fluchtburgen (*Refugien*), die nur bei Gefahr aufgesucht wurden; die meisten waren wohl dauerhaft besiedelt. Auch waren frühmittelalterliche Großburgen offenbar nur ausnahmsweise ständige Wohnsitze einzelner Adelsfamilien, doch besteht hier noch Forschungsbedarf. Hingegen besaßen einige mächtige Adelsfamilien teils mehrere Burgen, so die Grafenfamilie der Konradiner im Rhein-Main-Gebiet. Die meisten Großburgen dürften auf Initiative oder zumindest mit Genehmigung der Könige entstanden sein, insbesondere jene im Grenzgebiet zu den feindlichen Sachsen. Bereits um 700 bestanden die dem Reich zuzuordnenden Großburgen Amöneburg HE und Kesterburg/Christenberg HE (8 ha). Gegen Ende des hier betrachteten Zeitraumes nutzten im königlichen Dienst stehende Dynastenfamilien vielfach die ihnen anvertrauten Burgen für ihre eigenen machtpolitischen Zwecke, und anderenorts okkupierten dem König feindlich gesinnte Adelige königliche Burgen.

Im 8. Jh. entstanden in Mittelhessen mittelgroße Burgen wie die möglicherweise königliche Burg Höfe/Dreihausen (2 ha), in deren Oberburg größere Gebäude, darunter ein Wohnbau und eine Kapelle, standen. Schon bald danach kam es zum Bau kleiner Höhenburgen in Mittelhessen, die mit Ringmauer und Wohnturm schon Charakteristika hochmittelalterlicher Adelsburgen zeigen (Caldern; Rickelskopf/Stedebach; Weißenstein/Wehrda). Vermutlich war der Zerfall der königlichen Zentralmacht eine Ursache für den Bau solcher Burgen spätestens ab dem frühen 10. Jh. Lokale Adelige, zuvor vom König abhängig, nutzen die Gunst der Stunde, „private" Burgen zu bauen.

Während viele der Großburgen um 1000 bereits aufgegeben waren, bestanden einzelne weiter. Einige wurden von ihren Besitzern in kirchlichen Besitz übergeben, um darin ein Kloster oder Stift zu gründen (Limburg/Haardt RP).

Die Anfänge und die Ausprägung der Adelsburg (9./10. bis 11. Jahrhundert): Turmburgen und Motten

Wie geschildert, hatten mächtige Adelige den Königen gegen Ende des Frühmittelalters bereits viele Burgen entfremdet bzw. diese okkupiert. Auch vielen der als Schutzvögte in bischöflichen und klösterlichen Burgen sitzenden Adeligen gelang es nach und nach, die Verfügungsgewalt über die ihnen anvertrauten Burgen für persönliche Interessen zu nutzen. Zudem bot der sich im 8./9. Jh. intensivierende Landesausbau im rechtsrheinischen Gebiet, wo durch Rodung neue Nutzflächen geschaffen wurden, vielen Dynastenfamilien Möglichkeiten, Besitz und Einfluss auszubauen. Selbst zu Königspfalzen gehörige Besitzungen (*fiscus*) mussten die Könige teils Adeligen überlassen (Pfalz Bodman BW). Die großen Dynastenfamilien waren, trotz des königlichen Befestigungsrechtes, zu Burgbauherren geworden.

Doch noch im 10./11. Jh. waren die meisten Adelsgeschlechter offenbar auf Herrenhöfen im Altsiedelland ansässig. Diese Höfe waren wohl nur selten burgartig ausgebaut. Umgeben von hölzernen Zäunen oder Palisaden standen die meist eingeschossigen, eher schlichten ein- bis 2-räumigen Holz- oder Steinhäuser mit ebenerdigen Eingängen. Die Schwäche der königlichen Zentralgewalt und die damit verbundene Unsicherheit im Reich in Verbindung mit einem wachsenden Repräsentationsbedürfnis des Adels führten dann dazu, dass seit der Zeit um 900 immer mehr Dynasten dazu übergin-

gen, ihre dauerhaften Wohnsitze in Höhenlagen zu errichten. Die Distanzierung von der unfreien Bevölkerung der Dörfer wurde augenfällig symbolisiert. Aus der Wende vom 9. zum 10. Jh. stammen die ältesten bislang erforschten adeligen Höhenburgen. Die Ausprägung der Adelsburg hatte begonnen. Um 1000 existierten schon viele Adelsburgen als private repräsentaive und wehrhafte Wohnsitze, doch sollte es noch einige Jahrzehnte dauern, bis die adeligen Besitzer sich nach ihren Burgen benannten.

Anfangs stellten sich Höhenburgen quasi als auf Höhen versetzte Herrenhöfe dar. Obwohl ihre Bauherren anscheinend Grafen und Dynasten waren, blieben die Bauten vorerst bescheiden. Eine gut erforschte Burg ist Salbüel CH, deren hölzerne Gebäude dem späten 10.-12. Jh. entstammen: Eine Palisade umgab in ovalem Verlauf ein Hallenhaus, ein Grubenhaus und Nebengebäude. Die Hänge des Burgberges waren mit Faschinen gegen Abrutschungen gesichert. Um 1250 wurde die Burg aufgegeben. Doch schon im 10. Jh. kamen vereinzelt repräsentative steinerne, bis zu 20 x 12 m große Saalbauten mit ebenerdigen Eingängen auf Adelsburgen vor. Erste Bauten dieser Art sind linksrheinisch archäologisch bezeugt, aber Ende des 10. Jh. gab es sie dann auch in Mittel- und Süddeutschland.

Maßgebliche Veränderungen im Erscheinungsbild der Adelsburg begannen um 1000/Anfang 11. Jh. Nun entstanden zunehmend Burgen, deren prägendes

Klingenmünster (RP), Schlössel. Schema der Turmburg (aus: Hartung 1967).

Element ein meist 3- bis 5-stöckiger steinerner **Wohnturm** war. Versehen mit einem ins 1. OG führenden Hocheingang wurden diese meist quadratischen Türme, die teils über 12 m Seitenlänge und 2-3 m Mauerstärken aufweisen, die neuen Symbole adeligen Wohn-/Wehrbaus im salischen Jahrhundert (1024-1125). Zusammen mit weiteren Bauten standen die Wohntürme umgeben von einer meist polygonalen Ringmauer. H. W. Böhme (1992) benannte fast 80% der von ihm untersuchten salierzeitlichen Burgen in Hessen, Rheinland-Pfalz und dem Saarland als Turmburgen. Prägnante Beispiele sind die Arnsburg HE in Spornlage mit einem von einer im Abstand von 1,6-5 m um den Wohnturm (11,5 x 11,5 m, Mauerstärke ca. 3 m) geführten Ringmauer, die Burg Dreieichenhain HE und das Schlössel bei Klingenmünster RP, das um 1030/50 in eine Großburg des 9./10. Jh. hineingebaut wurde. Aus den von einer polygonalen Ringmauer umgebenen Turmburgen (Weißenstein HE) entwickelte sich im 12. Jh. die „klassische" Adelsburg (Biller 1993). In Frankreich fand die Ausprägung des Wohnturmes (*Donjon*) offenbar im späten 11. Jh. statt (Hinz 1981).

Ungefähr zeitgleich wie die Turmburgen verbreitete sich ein anderer Typ der Adelsburg: Die **Motte** war eine frühe Form der Adelsburg, bestehend aus einem künstlich angelegten Hügel, der einen Wohnbau/-turm (oft aus Holz) trug, umgeben von einem Wassergraben. Aus dem Grabenaushub wurde der Hügel aufgeschüttet. Oft waren die Türme durch Palisaden geschützt. Motten lagen wohl zuerst als Rückzugsorte nahe bei Herren-

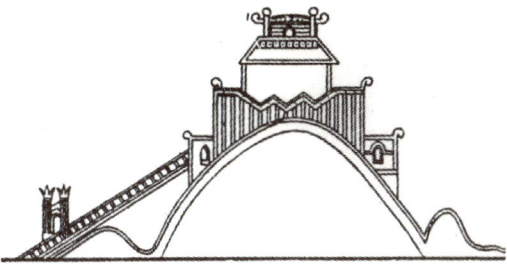

Schema einer Motte, Darstellung auf dem Wandteppich von Bayeux, spätes 11. Jh. (Umzeichnung aus Piper 3/1912).

höfen, später wurden sie Dauerwohnsitze. Im Gegensatz zu früheren Vermutungen verbreitete sich die Motte ausgehend von Frankreich ab 10./11. Jh. in weiten Teilen Europas (s. Kapitel 3.2). Beide beschriebenen Burgtypen verfügten über Vorburgen, in denen untergeordnete (Wirtschafts-)Bauten standen.

Das Grundmodell der für die folgenden Jahrhunderte prägenden Adelsburg war somit in salischer Zeit geschaffen worden. Sie wurde zum symbolträchtigen und vielfach für die Bewohner namensgebenden Sitz sowohl des Hochadels als auch königlicher und bischöflicher Dienstmannen – und bald auch der Ministerialen.

3 Burgen im Hochmittelalter (11. bis 13. Jahrhundert)

Mit dem Zerfall der königlichen Zentralgewalt begann – je nach Region etwas früher oder später – etwa im 10./11. Jh. die eigentliche Phase der mittelalterlichen Adelsburg, die – ebenso regional

unterschiedlich – zwischen 14. und 16. Jh. endete. Hoch- und spätmittelalterliche Adelsburgen waren, wie erwähnt, befestigte Wohnsitze adeliger Familien inmitten ihres Grundbesitzes bzw. Lehens, Zentren ihrer Herrschaft und Verwal-

rung von Feinden erleichtern und v.a. die Fernwirkung der Burg beeinträchtigen. Für die Fernwirkung war auch die Farbigkeit der Gebäude bedeutend (in den letzten Jahren rekonstruiert an der Marksburg/Rhein). Die Steinsichtigkeit, die heute vielfach als original angesehen wird, entspricht einem Ideal der Romantik des 19. Jh.

Marburg (HE), Rekonstruktion der Burg E. 12./A. 13. Jh., Bauphase 3, von Elmar Altwasser (aus: Großmann 1999).

Marburg (HE), Rekonstruktion der Burg E. 13. Jh., Bauphase 4, von Elmar Altwasser (aus: Großmann 1999).

In nur wenigen hochmittelalterlichen Burgen blieb die Gesamtstruktur der Bauzeit umfänglich erhalten – noch immer wurden einzelne Burgen aus Holz gebaut. Die meisten wurden später baulich verändert. Oft lässt nur die Grundrissstruktur der Kernburg (oval bis polygonal) die Entstehungszeit im Hochmittelalter erkennen. An vielen Burgen sind jedoch einzelne Bauten in ihrer hochmittelalterlichen Bausubstanz erhalten, insbesondere Bergfriede. Prägnantestes Herrschaftssymbol der hochmittelalterlichen Burg war der **Bergfried** – so wird der dominierende Hauptturm deutscher Burgen heute genannt. Er löste den Wohnturm der Salierzeit als markantestes Bauwerk ab, doch sind Übergänge zwischen Wohnturm und Bergfried teils fließend. Erste Bergfriede entstanden um/kurz nach M. 12. Jh. Neben dem Bergfried war der mehr oder weniger repräsentative **Wohnbau** oder **Palas** ein wichtiger Bestandteil der letztlich im 12. Jh. ausgeprägten „klassischen Adelsburg". Letzterer enthielt im Gegensatz zum reinen Wohnbau einen Saal.

tung. Sie waren durch ihre oft markante Lage augenfällige Herrschaftszeichen in der Landschaft. Neben Hochadeligen waren ab dem 11. Jh., zunehmend dann im 12. Jh., Edelfreie, Niederadelige und Ministeriale – also der Ritterstand – Burgbauherren. Insbesondere letztere wollten ihren gesellschaftlichen Aufstieg durch den Bau einer Burg als eigentlich adeligem Statussymbol verdeutlichen. Burgen aufstrebender Ministerialenfamilien der Stauferzeit kamen z.T. dem gestalterischen Aufwand von Grafenburgen und Pfalzen gleich (Reichsministerialen: Münzenberg HE, um 1200; Wildenburg BY, um 1200; landgräfliche Ministerialen: Saaleck SA, 2. V. 13. Jh.). Als Bauplätze hochmittelalterlicher Burgen dienten meist Berggipfel oder -sporne; im Flachland entstanden Wasserburgen.

Standen Burgen auf einem Berg, war dieser meist baumlos: Bäume und Büsche konnten die unbemerkte Annähe-

Eine **Ringmauer** bzw. den Wohnbau/Palas und weitere Burggebäude verbindende **Wehrmauern** des Berings vervollständigten das Bauprogramm der Burg im Hochmittelalter. In der Ringmauer öffnete sich ein oft wehrhaft und repräsentativ ausgestalteter Torbau, mancherorts ein Torturm, der über der Tordurchfahrt eine Kapelle enthielt (Drachenfels/Pfalz). Gesichert wurde die Burg zusätzlich durch der Ringmauer oder Teilen des Berings vorgelegte Gräben.

Nur selten erlaubten die natürlichen Gegebenheiten bei Höhenburgen eine symmetrische Struktur der Burg (Gutenfels/Kaub RP); i.d.R. wurde der Grundriss dem Gelände angepasst. So entstanden meist additive Strukturen, die sich von denen mancher Kompaktanlagen des Spätmittelalters unterscheiden. Manche im Spätmittelalter ausgeprägten Burgentypen, etwa Kastell- und Schildmauerburgen, gab es in Anfängen bereits im Hochmittelalter, ebenso wichige Gebäudetypen (z.B. Doppelturmtor).

In der älteren Burgenkunde sah man den stauferzeitlichen Burgenbau (1138-1268) als die „Blütezeit" mittelalterlichen Burgenbaus; in dieser Zeit entstanden demnach die architektonisch bedeutendsten Burgen. Die heutige Burgenforschung hat diese Ansicht relativiert, gab es doch in einigen Regionen (u.a. Rheinland; Böhmen) auch im Spätmittelalter eine solche „Blüte". In der Eifel etwa wurden die meisten Burgen offenbar zwischen dem späten 11./12. Jh. und dem 14. Jh. gegründet.

Die Vielzahl der Burgengründungen seit dem 12. Jh. resultierte aus der zunehmenden Bedeutung der Burgenpolitik, mit welcher der Adel versuchte, seinen Besitz und seine Herrschaft zu sichern. Nachdem die „Fürstengesetze" Kaiser Friedrichs II. 1220 und 1231 die Möglichkeit zum Ausbau eigener Territorien weltlicher und geistlicher Reichsfürsten boten, sahen viele Fürsten das Recht zum Burgenbau bei sich. Was eine Burg

Česká Lípa (CZ), Burg. Schematische Darstellung der 4 Ausbauphasen vom 13. bis zum 15. Jh. (aus: Durdík 2002).

war, definierten Rechtsbücher (Sachsen-
und Schwabenspiegel), schriftlich fixier-
te Sammlungen älterer Gesetze. In ihnen
war festgelegt, wie tief ein Graben und
wie hoch eine Ringmauer sein durften:
Ab einer bestimmten Tiefe und Höhe waren Gebäude genehmigungspflichtig und
damit eine Burg. Gleiches galt für die
Brustwehr mit Zinnen und den Hocheingang zum Turm. Zu den Landesherren,
deren großräumige und wohldurchdach-
te, bis ins 14. Jh. reichende Burgenpolitik
im Rahmen der Territorialbildung gut
erforscht wurde, gehören die Erzbischöfe
von Köln, Mainz und Trier.

Bei der Abrundung von Herrschaftsge-
bieten im Vorfeld der Territorialbildung
kam es bereits zu Burgenverlagerungen
(sog. *Burgenspringen, -wanderung*), wenn
einst wichtige Burgen durch neue Burgen an anderen Standorten ersetzt wurden (Alt- und Neu-Heiligenberg BW). Mit
dem Anwachsen des Burgenbesitzes verloren viele namengebende Stammburgen
großer Dynasten seit der Stauferzeit ihre
Bedeutung. Neugründungen wurden nun
häufiger mit Stadtgründungen kombi-
niert, ein wichtiger Schritt zur Ausbildung spätmittelalterlicher Residenzen.

Vereinzelt kam es zum Bau von Okkupationsburgen, die auf fremdem Boden
entstanden, um so Besitzansprüche zu
untermauern und zu sichern. Ein bekanntes Beispiel ist die wahrscheinlich
um 1124 von den Grafen v. Laurenburg
auf Grundbesitz des Bischofs von Worms
gegründete Burg Nassau RP; nachdem
der Erzbischof von Trier die Burg 1159
nominell erworben hatte, leisteten sie
ihm den Lehnseid und nannten sich nach
ihrer neuen Burg Herren v. Nassau. Auch

gab es im Hochmittelalter vereinzelt
Burgbelagerungen und -zerstörungen,
meist im Kontext territorialer Konflikte.

4 Burgen im Spätmittelalter (13. bis 15. Jahrhundert) und der Frühen Neuzeit

Die ältere Burgenforschung sah das
Ende „der mittelalterlichen Burg" zeitgleich mit dem Ende des Mittelalters
„um 1500" und eine Aufspaltung wesent-

*Burg Hohengeroldseck (BW) mit zwei sehr aufwändi-
gen Wohnbauten, 3. V. 13. Jh., Rekonstruktion (aus:
Hesselbacher 1963).*

licher Aufgaben der Burg in der Frühen
Neuzeit: Angeblich übernahmen Schlösser die repräsentativen und Festungen
die Wehrfunktionen der Burgen. Doch
entspricht die Unterscheidung Burg/
Schloss weder historischen Befunden,
noch dem Selbstverständnis der Bauherren im 15./16. Jh. Beide Begriffe wurden

Burg Satzvey (NRW) mit spätgotischem Turmhaus, Zeichnung von Renier Roidkin um 1725 (aus: Neu/Zimmermann 1939).

Burg Münchenstein (CH) bei Basel im spätmittelalterlichen Ausbauzustand (Kupferstich aus: Merian, Topographia Helvetiae ..., 1642).

Weinheim a. d. Bergstraße (BW), Burg Windeck im spätgotischen Ausbauzustand mit Spitzhelmtürmen/-scharwachttürmchen (Kupferstich-Ausschnitt aus Merian ..., 1645)

Burg Cochem/Mosel (RP) im spätgotischen Ausbauzustand (Kupferstich aus Braun/Hogenberg 1572ff).

bis in die Frühe Neuzeit synonym verwendet. Viele Burgen wurden seit dem 15./16. Jh. zu Festungen oder Festen Schlössern ausgebaut.

Die „letzte Blüte" der mittelalterlichen Burgen

Noch im 14. Jh./zu Beginn des 15. Jh. wurden Burgen im Kontext der Territorialbildung neu erbaut (Wernerseck RP). Besonders ausgeprägt waren Burgenbau und -ausbau im Gebiet Mittelrhein-Eifel-Mosel. Bald nachdem Reichstagsbeschlüsse in Worms und Cividale 1231/32 das Landesherrentum begründet hatten, etablierte sich das Kurfürstenkollegium als Oligarchie 7 großer Territorialherren, von denen 4 im Rheinland ansässig waren, darunter die Erzbischöfe von Köln und Trier. Sie ließen als expandierende Territorialherren Burgen bauen oder bestehende aufwändig ausbauen. In ihrer Burgenpolitik wurde der vollzogene politische Wandel deutlich: Burgen, besonders neuerbaute, dienten nicht mehr der Stützung des Reiches, sie waren nun Stützpunkte aufstrebender Partikulargewalten. Zur Burgenpolitik gehörte neben dem Bau verstärkt der Erwerb bestehender Burgen; auch entstanden gegen eine Burg oder Stadt einer konkurrierenden Herrschaft gerichtete Gegenburgen. Im 14. Jh. wurden viele Burgen, z.B. in der Eifel, auch von Grafen, Herren (Neublankenheim RP) und Reichsministerialen erbaut, um ihre teils winzigen Herrschaften zu sichern. Nach der Konsolidierung der Territorien bestand dann im 15. Jh. kaum noch die Notwendigkeit, Burgen zu bauen.

Bemerkenswert ist, dass seit dem 14. Jh. zunehmend Patrizier und Stadtbürger als Burgherren auftraten, etwa im Bodensee-Gebiet und in Südtirol, wo die Brüder Vintler die Burg Runkelstein/Bozen I kauften, ausbauen und mit ritterlichen Motiven prächtig ausmalen ließen; ein wichtiger Schritt auf dem Weg zur Erhebung in den Adelsstand. Manche bürgerliche Familien kauften im 15. Jh. systematisch adelige Besitzungen und Burgen, so ab 1433 die Kaufmannsfamilie Humpis aus Ravensburg/Oberschwaben, die 1447 die Herrschaft Brochenzell als Reichslehen erhielt und 1540 Gerichtsherr wurde. In Brochenzell BW baute sie Schloss Humpis als wehrhaften Landsitz aus. Noch lange sollten Wehrelemente mittelalterlicher Burgen im frühneuzeitlichen Schlossbau prägend bleiben, teils real nutzbar, teils symbolhaft.

Das **Erscheinungsbild von Burgen im 13./14. Jh.**: Waren Grundrisse früh- und hochmittelalterlicher Burgen meist dem

Gelände angepasst, so lassen sich im Spätmittelalter öfter Tendenzen zu kompakt strukturierten Anlagen erkennen, deren Gebäude sich einem Gesamtplan unterordnen. Zu den neuen architektonischen Typen gehörten die **Kastellburgen**, die Repräsentation und Wehrhaftigkeit durchdacht kombinierten. Kastellburgen mit runden Eck-/Flankierungstürmen wurden seit der Zeit des Königs Philippe II. Auguste von Frankreich (1180-1224) zu einem königlichen Burgentyp (französischer Kastelltyp), der bald vom Adel der Ile de France übernommen wurde. Zusammen mit den Kastellburgen Kaiser Friedrichs II. (1212-50) in Süditalien und Sizilien (Catania; Syracus) – einige von diesen haben rechteckige Türme – und den im letzten V. 13. Jh. erbauten englischen Königsburgen in Wales GB (Caerphilly) gehören sie zu den hochrangigen Kastellburgen in Europa. Eindrucksvolle Kastellburgen entstanden ab 13. Jh. in Savoyen (Chamvent CH, um 1250). In Deutschland sind Lahr BW (1218/25) und Neuleiningen RP (1238/41) frühe Kastellburgen. Im Rheinland war die trierische Burg Welschbillig RP (um 1250) eine frühe rechteckige Burg dieses Typs. Konflikte zwischen den Trierer Erzbischöfen und der Abtei Prüm bedingten in Mürlenbach RP (vor/um 1300) wohl die Typwahl, wobei die Burg hochmittelalterlichen Polygonalgrundrissen verhaftet blieb, obwohl Struktur und Wehrelemente (Schießscharten) auf Frankreich verweisen. Meist wurde der französische Kastelltyp nicht übertragen, sondern regionalen Traditionen und Ansprüchen des Bauherren angepasst (Mayen RP, um 1280; Bad Münstereifel NRW). Kastellburgen entstanden A.

14. Jh. im Backsteingebiet von Niederrhein und Nordeifel (NRW: Moyland; Zülpich) sowie in anderen Teilen der Eifel (RP: Sinzig, 1337ff; Wernerseck, ab 1402), teils mit sehr dünnen Ecktürmen (Dodenburg RP). Durch Anfügung turmbesetzter Zwinger an unregelmäßige hochmittelalterliche Burgen konnte die Fernwirkung einer Kastellburg entstehen (Nürburg RP, um 1300/A. 14. Jh.). Die Trendelburg HE (1443/56) ist eine 5-eckige Kastellburg; ein Turm ist als Bergfried ausgebildet.

Die Johanniter tradierten den regelmäßigen Kastelltyp vereinzelt E. 14. Jh. bei ägäischen Ordensburgen (GR: Kós/Insel Kós, runde Türme; Apolakkía/Insel Rhódos, rechteckige Türme). In Hessen entstanden E. 15. Jh. frühe Festungen als steinerne rechteckige Kastelle mit runden Ecktürmen/Rondellen (Friedewald; Herzberg; Ockstadt); vergleichbar ist die Burg Schmachtenberg BY (s. Festungen).

Seltener waren Kastellburgen mit eckigen Türmen (mitteleuropäischer Typ; Durdík 1994). Die Johanniterburg Belvoir IL (um 1168/75) hat 2 Beringe, der äußere mit flankierenden Türmen auch in der Mitte der Kurtinen. In Deutschland sind solche Kastelle selten, häufiger sind sie in Italien (Augusta; Pra-

Pelm (RP), Kasselburg. Die Hauptburg im Spätmittelalter, Rekonstruktionsversuch (aus: Wackenroder 1928).

Die Casselburg
in der Eifel.
Südansicht.

to, 2. V. 13. Jh.; Ferrara). Bei manchen frühen Bauten dieses Typs fluchten die Türme mit der Ringmauer (Diósgyör H), d.h., sie flankieren sie nicht oder sie haben flankierende und fluchtende Türme (Wien A; Kadan CZ). Unter den osteuropäischen Deutschordensburgen gab es eine modifizierte Form des mitteleuropäischen Typus (Rheden PL, mit Tourellen).

Französischer Einfluss ist nicht nur bei Kastellburgen des 13./14. Jh. erkennbar; bewohnbare Rundbergfriede, gerundete Flankentürme und Schießscharten verweisen auf Frankreich, ebenso die spätestens ab dem 14. Jh. vorkommenden gerundeten Ecken (u.a. Rheinland, Böhmen, Thüringen, Schweiz), Tourellen und Scharwachttürmchen (*Pfefferbüchsen*: Kasselburg RP), die im 14./15. Jh. teils prägend waren.

Das **Erscheinungsbild von Burgen im 14./15. Jh.** änderte sich weiter gegenüber dem im Hochmittelalter. In der Silhouette dominierten nun meist höhere und mehr Türme die Burgen, die nun oft mit den Ringmauern vorgelagerten Zwingern umgeben wurden: **Zwinger** (auch *Zingel*) sind zwischen der Ringmauer und einer dieser ganz oder in Abschnitten vorgesetzten Zwingermauer gelegene Geländestreifen. Durch Anlage eines Zwingers wurde ein zusätzliches Annäherungshindernis und eine weitere, vorgelagerte Verteidigungslinie geschaffen. In Deutschland waren Zwinger ab dem 14. Jh. verbreitet. Sie konnten eine Burg oder Stadtbefestigung komplett oder nur die Hauptburg als geschlossener äußerer Bering umgeben (Arbon TG; Möggingen BW), nur einem Bereich der Burg vorge-

legt sein (Torzwinger: Hohenklingen SH) oder den Burgweg aufnehmen (Mägdeberg BW). Mancherorts nahmen Zwinger Ställe, Schuppen, Scheunen etc. auf. Manche großen Zwinger gingen in die Vorburg über oder bildeten mit deren Bering eine gemeinsame Ringmauer. Im Verlauf von Zwingermauern standen oft vor die Feldseite ausspringende Türme. Diese waren nicht selten als halbrunde **Schalentürme** mit offener, allenfalls in Fachwerk geschlossener Rückseite ausgebildet. Mit Schalentürmen wurde verhindert, dass Angreifer einen eroberten Turm gegen die Verteidiger nutzen konnten; zudem sparte man Baumaterial und somit Baukosten. Solche Türme dienten der flankierenden Verteidigung des Vorfeldes (**Flankierungstürme**: Landeck/Pfalz RP); sie konnten auch als kombinierte Wehr-/Wohntürme von Burgmannen bewohnt werden (Nürburg RP). Schon vereinzelt im 13. Jh. vorkommend – wohl nach Kriegserfahrungen der Kreuzzüge vermittelt über Frankreich –, gehörten sie seit dem 14./15. Jh. zu den gängigen Elementen von Burg-/Stadtbefestigungen. Bis ins frühe 15. Jh. waren die meist gerundeten Flankierungstürme zur Verteidigung mit Bogen und Armbrust eingerichtet, erkennbar an der Schießschartenform (schmale, hohe Schlitzscharten), dann wandelten sie sich zu Feuerwaffen- und Geschütztürmen.

In manchen Regionen entstanden nun wieder markante **Wohntürme**. Seit der Salierzeit waren sie wichtige Elemente im deutschen Burgenbau, doch änderte sich ihre Gestalt mehrfach. Im Spätmittelalter gab es sie in größerer Zahl und verschiedenen Ausprägungen in königlichen Burgen (z.B., Karlstein/Böhmen CZ: riesiger längsrechteckiger Turm Karls IV.), ebenso als Hauptbauten kleiner Ortsburgen. Sie konnten Wohnbau der Herrschaft (Eltville/Rhein RP für den Mainzer Erzbischof; Stadtburg Boppard RP) oder Burgmannensitze innerhalb größerer Burgen sein (Kasselburg RP). In Form spätestgotischer Turmhäuser kamen Wohntürme noch im 16. Jh. vor, in Dörfern (Dreis RP, um 1579), in Städten (Koblenz RP) und vor Städten (Topplerschlößchen/Rothenburg BY, von Bürgermeister Heinrich Toppler 1388 erbaut). Schon im 13. Jh./fr. 14. Jh. entstanden in der Region Mittelrhein-Mosel-Eifel viele runde Wohntürme (Nürburg RP) und bewohnbare Rundbergfriede (Pyrmont RP), die Vorbilder in französischen Donjons hatten.

Zu den prägenden Elementen einiger spätmittelalterlicher Burgen gehörte die **Schildmauer**, die bei Burgen in Sporn- oder Hanglage (Ehrenfels HE) Schutz gegen Beschuss, etwa mit Wurf-/Schleudermaschinen von der Bergseite („Angriffsseite") her bot und zudem ein eindrucksvolles repräsentatives Element bildete. Als separater Bau oder in die Ringmauer eingebunden, unterschied sie sich von dieser durch ihre Höhe und Mauerstärke. Schildmauerburgen kamen wohl seit dem frühen 13. Jh., insbesondere aber im 14. Jh. v. a. in der Pfalz, im Mittelrheingebiet, im Elsaß und vereinzelt in Europa (Schweiz) vor. Schildmauern boten anfangs nur Deckung durch ihre Höhe und Mauermasse ohne weitere Defensiveinrichtungen als den Wehrgang (Landeck/Pfalz RP); erst ab dem 14. Jh. wurden sie zunehmend in die aktive Verteidigung einbezogen, indem sie

integrierte Schießkammern erhielten (Schönburg/Oberwesel RP), wobei sich diese nach Verbreitung von Feuerwaffen zu Geschützschildmauern mit Geschützständen wandeln konnten (Pfalz: Madenburg; Neuscharfeneck). Parallelen bestehen zu frühen, vor/um 1500 entstandenen, *piatta forma* genannten Geschützplattformen an Burgen und Festungen im ägäischen Johanniter-Ordensstaat.

An manchen Burgen gab es Kombinationen aus Schildmauer und Bergfried (Hohenecken RP; Freienfels HE).

Eine gewisse Verwandschaft zu Schildmauerburgen weisen die recht seltenen **Mantelmauerburgen** auf: Die besonders hohe Mantelmauer umgab die Gebäude der Burg, die mit Pultdächern an deren Innenseite gelehnt sein konnten, rundum (Eisenberg BY).

Das „Burgensterben"

In der Burgenfachliteratur findet sich im Kontext der Darstellung des Spätmittelalters der Begriff „Burgensterben". Dieses Phänomen hatte verschiedene Gründe: Nachdem schon im 12. Jh. infolge der Verlagerung von Herrschaftszentren und veränderter wirtschaftlicher Gegebenheiten Burgen an günstigere Standorte verlegt worden waren (s. 2.3), kam es dann im 14./15. Jh. zum eigentlichen Burgensterben. Etwa die Hälfte der um 1300 bestehenden Burgen wurde endgültig aufgegeben. Zu den Ursachen gehörten der wirtschaftliche Niedergang der Ritter bzw. des (Nieder-)Adels und die daraus resultierende bauliche Vernachlässigung von Burgen sowie politischer Druck seitens der dynastischen Landesherren oder die Landesherrschaft ausübender Klöster (Salem BW), die ihre Territorien ausbauten und z.T. mit militärischer Gewalt Adelige aus ihren Burgen vertrieben. Zudem konnten im Spätmittelalter auch Städte Burgen erwerben (Überlingen BW) oder erbauen und so den nahebei ansässigen Niederadel entmachten. Darüber hinaus verlor die Burg als standesgemäße Behausung des Adels und der Fürsten ab dem 15. Jh. zunehmend ihre Bedeutung zugunsten anderer Architekturformen mit höherem Wohnkomfort in Stadt und Land. Sofern kein entsprechender Ausbau möglich war, konnte der höhere Wohnkomfort nur an neuer Stelle in der Ebene oder in einer Stadt erzielt werden.

Da Höhenburgen durch ihre exponierte Lage Stürmen und Blitzschlag besonders ausgesetzt waren (Falkenstein BY; Nürburg RP), kam es auf diese Weise zu Zerstörungen ohne anschließenden Neuaufbau, aber auch durch Unachtsamkeit verursachte, von Küchen oder von Badestuben ausgehende Brände (Tengen BW) führten zum endgültigen Untergang. Zu den burgenzerstörenden Naturkatastrophen gehörten auch Erdbeben (Basel CH 1352).

Nachdem im Hochmittelalter Burgen im Kontext territorialer Konflikte vereinzelt zerstört worden waren, haben Zerstörungen von Burgen infolge spätmittelalterlicher und frühneuzeitlicher Kriege und Fehden zum Burgensterben beigetragen, etwa der Feldzug schwäbischer Städte gegen Adelige im Hegau 1441/42, der Schweizerkrieg 1499 in Südbaden, der Bauernkrieg 1524/25 in Franken und anderen Regionen, der 30-jähri-

ge Krieg 1618-48 oder die Réunionskriege und der Pfälzische Erbfolgekrieg König Ludwigs XIV. von Frankreich im Rheinland Ende des 17. Jh.

Bei Zerstörungen von Burgen gilt es zu unterscheiden zwischen gezielten Zerstörungen realer militärischer Machtfak-

Nierstein (RP), Schwabsburg, schon im 17. Jh. eine Ruine (Kupferstich aus: Merian, Topographia Palatinus Rheni ..., 1645).

toren, d.h. der Ausschaltung von Wehrbauten einerseits und Zerstörungen von (Macht-)Symbolen andererseits. Letztere sollten primär die Identität des Gegners treffen – die niedergebrannte Burg war ein weithin sichtbares Zeichen seiner Unterlegenheit. Auch Vermischungen beider Motive lassen sich feststellen, so bei den Zerstörungen vieler Burgen durch eidgenössische Truppen im Schweizerkrieg 1499 und insbesondere bei den von Konrad Widerholt, Kommandant der Festung Hohentwiel bei Singen/Hegau, verursachten, seit 1634/43 systematisch ausgeführten Zerstörungen: sie dienten der Schaffung eines Wüstungsgürtels um die Festung. Widerholt wollte die Festsetzung potentieller Angreifer seiner Festung in den von ihm zerstörten Burgen erschweren.

Mancherorts wurden Burgen in der Frühen Neuzeit im Auftrag ihrer Eigner zerstört, um Nutzungen durch Feinde zu verhindern: Vom eigenen Militär gesprengt wurde die Saffenburg/Ahr (RP 1704; Are RP 1714); anschließend wurde die Bevölkerung aufgefordert, die Trümmer als Baumaterial abzutragen.

Oft sind die Zerstörungsdaten von Burgen unbekannt; meist ist allmählicher Verfall anzunehmen. Häufig waren Burgen bereits anfangs der Frühen Neuzeit im 16. Jh. baufällig oder sie lagen trotz weiterer Nutzung teils in Ruinen. Burgruinen sind schon auf Stichen Merians in den 1640er Jahren zu sehen; im 17. Jh. traten Burgruinen in der Landschaftsmalerei anstelle der zuvor üblichen klassisch-antiken Ruinen. Es ist bemerkenswert, dass nicht wenige Burgruinen und ehem. Burgstandorte – Burgstall bzw. Burstel genannt – noch von politischem und wirtschaftlichem Interesse waren, da Einkünfte, Rechte und Privilegien daran gebunden blieben. Oft ist der Flurname *Burgstall* heute der letzte Hinweis auf eine abgegangene Burg.

Im 18./19. Jh. wurden schließlich zahlreiche Befestigungen von Burgen wegen größerer Bequemlichkeit und besserer Erschließung beseitigt, Gräben verschüttet, Türme und Mauern abgerissen, Zugbrücken durch Dämme ersetzt, bevor dann die Romantik mittelalterliche Burgen als Symbole der Regional- und National-Geschichte wieder entdeckte und in den 1830er Jahren mit den Neuaufbauten von Burgen im seit 1815 preußischen Rheinland die „Burgen-Romantik" begann, die unser Burgenbild bis heute prägt – und verfälscht!

Festungen und Feste Schlösser

Festungen sind Bauten, mit denen man ab etwa 2. V. 15. Jh. versuchte, sich gegen Feuerwaffen zu schützen, indem man ihre Wehranlagen deutlich verstärkte und die durch entsprechende Ausbauten Möglichkeiten boten, Geschütze aufzustellen. Überwiegt dabei der Wohncharakter oder ist er dem Wehrcharakter gleichwertig, so spricht man von Festen Schlössern.

Im Laufe des 14. Jh. wurden nachweislich erstmals Feuerwaffen bei Burgbelagerungen in Deutschland eingesetzt, doch erst seit 1. H. 15. Jh. waren sie so effektiv, dass bauliche Reaktionen erforderlich wurden. Zu Beginn der 1330er Jahre wurde die Burg Eltz RP während einer Belagerung mit Pfeilbüchsen beschossen. Kurz danach, 1334, während der Bischofsfehde, überstand Meersburg BW eine 14-wöchige Belagerung; die Beschießung von Burg und Stadt mit Feuerwaffen war eine der frühesten Belagerungen dieser Art in

Das Renaissance-Schloss Heiligenberg (BW), 3. V. 16. Jh., ging aus einer Spornburg hervor; es wurde im Sinne der Neorenaissance nach 1900 erneut verändert (Darstellung auf einer Ansichtskarte des Graphikers und Malers Eugen Felle [1869-1934], 1906).

Burg Königstein/Taunus (HE), im Spätmittelalter und in der Frühen Neuzeit zum Festen Schloss ausgebaut (Kupferstich aus: Merian, Topographia Hassiae, 1646).

Deutschland. Weit größer als die Sachschäden war offenbar die psychologische Wirkung der kaiserlichen Geschütze: Eine Chronik berichtet, es *vilent von dem harten Ton vil menschen halbtod und onmächtig um.* 1378 wurden Feuerwaffen („große Büchsen") beim Angriff auf Burg Mägdeberg BW eingesetzt, 1399 Burg Tannenberg HE mit Hilfe von Artillerie zerstört. Auf Burg Landskron/Ahr RP wurde eine Bombarde (um 1400) gefunden. Für die 1420er Jahre lassen sich dann Schlüssel(loch)scharten für den Einsatz von Handfeuerwaffen an Burgen in Hessen nachweisen (Amöneburg). Impulse zur Einführung neuer Verteidigungselemente resultierten aus Kämpfen mit den Hussiten, die eine effektive, mobile Artillerie auf Geschützwagen besaßen und ihre Befestigungen mit „modernen" Wehrelementen (Feuerwaffentürme, Zwinger, Wehrgangsbrüstungen mit Feuerwaffenscharten: Tabor/Böhmen

Burg Breuberg (HE), im Spätmittelalter und in der Frühen Neuzeit zum Festen Schloss ausgebaut (Kupferstich aus: Merian, Topographia Franconiae ..., 2/1656).

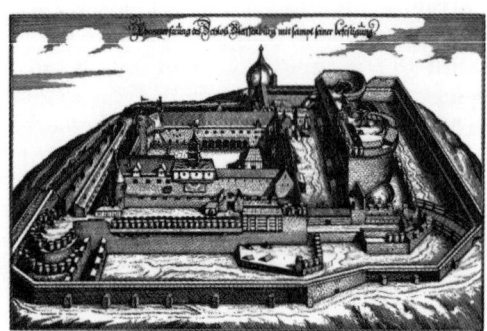

Kulmbach (BY), Plassenburg im Zustand vor der Zerstörung im Jahr 1554 (Kupferstich aus: Merian, Topographia Franconiae ..., 2/1656; als Vorlage dienten vermutlich 1560 in Augsburg verlegte Holzschnitte von David de Necker).

CZ) ausstatteten. Im Konflikt mit Hussiten wurden um 1440 mehrere Burgen und Städte neu befestigt (Stadt und Veste Coburg; Altenstein BY; Lichtenstein BY; Kötzting BY; Stadt Dresden).

Mit dem 15. Jh. änderten sich die Schießschartenformen wegen der Nutzung von Feuerwaffen: Ab 2. Dr. 15. Jh., verstärkt nach 1480, gehörten Schlüssel(loch)- und Maulscharten zu den gängigen Formen, insbesondere in Flankentürmen. Daneben gab es andere Varianten. Ab 2. H. 15. Jh. wandelten sich Flankierungstürme zu Geschütztürmen für Kanonen und **Feuerwaffentürmen** zur Verteidigung mit Handfeuerwaffen. **Geschütztürme** überragten die anschließende (Wehr-)Mauer um mindestens ein Geschoss, ihre Höhe war größer als ihr Durchmesser. Sie hatten im Vergleich zu Flankierungs-/Feuerwaffentürmen größere Durchmesser und Mauerstärken; letztere resultierten aus der zunehmenden Wirksamkeit der Geschütze; größere Durchmesser hatten ihren Grund in größeren Bestückungen und der besseren Handhabbarkeit der Geschütze, die, fast durchweg Vorderlader, zum Laden aus der Schießkammer zurückgezogen werden mussten. Geschützstände fanden sich im Turminneren, bei zunehmender Mauerstärke auch als Geschützkammern innerhalb der Mauern.

Aus Geschütztürmen entwickelten sich **Rondelle**. An Burg Kerpen RP finden sich Übergangsformen von Geschütztürmen zu Rondellen; sie sind im Vergleich zu Geschütztürmen niedrigere, gerundete oder zungenförmige (Mürlenbach RP), seltener polygonale (Neuerburg/Eifel) flankierende Bauten zur Ver-

Oberehe (RP), Burg, anstelle der mittelalterlichen Anlage 1696-98 in Barockformen fast vollständig neu gebaut; das turmflankierte Tor und der Gartenpavillon in Form eines Flankierungstürmchens sind Reminiszenzen an die mittelalterliche Burgarchitektur (Tuschzeichnung, um 1700; aus: Wackenroder 1928).

teidigung mit Geschützen. Im Unterschied zu Türmen hatten sie größere Mauerstärken und ein eher gedrungenes Äußeres. Um weniger Angriffsfläche zu bieten, ragten sie nicht oder wenig über die Mauerkrone hinaus. In manchen Gebieten entstanden auch massive Erdrondelle mit einer von einer Brustwehr geschützten Verteidigungsplattform (Ziegenhain HE).

Die für den Einsatz von Feuerwaffen angelegte Burg Schmachtenberg BY, eine Kastellburg mit 4 runden Flankierungstürmen, deren Vorbilder in römischen Kastellen und staufischen Burgen gesehen wurden, dürfte eher auf Wehrbauten wie die E. 14. Jh. erbaute Kastellburg Narangia/Insel Kós GR rekurrieren, eine Burg im Johanniter-Ordensstaat in der

Ägäis, dessen bedeutende Einflüsse auf den Wehrbau Mitteleuropas bisher kaum zur Kenntnis genommen wurden. Im Ordensstaat lassen sich zahlreiche Entwicklungslinien von der mittelalterlichen Burg zur frühneuzeitlichen Festung exemplarisch nachvollziehen. Von hier gingen viele Impulse für den Festungsbau in Europa aus. So lassen sich in der Konfrontation mit den Osmanen und ihrer Artillerie von den (meist italienischen) Ingenieuren des Ordens gefundene Lösungen für Defensivbauten und Wehrbauelemente bald schon in Mitteleuropa und Deutschland nachweisen.

Der Begriff **Festung** wurde – v.a. in der populärwissenschaftlichen Literatur – immer wieder fälschlich mit Burg gleichgesetzt. Festungen sind in der Interpretation der heutigen Festungsforschung Wehrbauten, mit denen baulich auf den Einsatz schwerer Feuerwaffen reagiert wurde, die ab etwa 1. H. 15. Jh. Verwendung fanden. D.h., Festungen waren Anlagen zur Verteidigung gegen Feuerwaffen mit Feuerwaffen (Elmar Brohl: Zum Festungsbegriff. In: Festungsjournal 5, 1998, 16-21). Der Festungsbaumeister Johann Faulhaber

Das Residenzschloss in Schwerin (MV) wurde in der Frühen Neuzeit mit einer Bastionärbefestigung gesichert; Ansicht des Zustandes vor 1651 (Kupferstich-Ausschnitt aus: Merian, Topographia Electoratus Brandenburgici et Ducatus Pomeraniae, 1652).

(1580-1635) schrieb in seinem Buch ‚Ingenieurs-Schul‘ (Ulm 1634): *Ein Voestung ist ein Materialisches corpus auß Erden / Stein / Holtz / vnd Wasser bestehend / so eintweder von Natur / oder durch Kunst mit allerley gebraeuchlichen vnnd Nothwendigen Defensionswehren zu gemeiner Sicherheit der Innwohner wider allen eusserlichen Gewalt vnd Anfall versehen vnnd bevoestigt ist.* Knapp, aber umfassend, ist die Definition von Elmar Brohl (1998): „Eine Festung stellt eine örtliche Gesamtheit von Verteidigungsanlagen und verteidigten Anlagen dar; ihre Befestigung ist gegen Feuerwaffen widerstandsfähig, zu selbständiger Kampfführung mit Feuerwaffen ausgerüstet, auf Dauer geplant [sog. permanente Befestigung] und mit einem dem Gelände und dem jeweiligen Stand der Waffentechnik angepassten System von Verteidigungsanlagen und Annäherungshindernissen versehen." Eine Festung konnte also gegen einen mit allen gängigen Angriffsmitteln ausgestatteten, zahlenmäßig überlegenen Gegner nachhaltig verteidigt werden. Technisch und baulich angepasste Burgen konnten so zu Festungen werden, ebenso befestigte Städte.

Erste Belege für Einsätze kleinerer Feuerwaffen in Mitteleuropa stammen aus der Zeit vor der M. 14. Jh. Bemerkenswert ist die relativ schnelle Entwicklung hin zu Riesengeschützen, die bereits um die M. 15. Jh. zum Einsatz kamen: Mit bis zu 20 t wiegenden Kanonenrohren konnten bis zu 400 kg schwere Steinkugeln verschossen werden. Insbesondere in den Armeen der auf Eroberungen ausgerichteten türkischen Sultane kamen solche Geschütze bei Belagerungen immer wieder erfolgreich zum Einsatz. Die

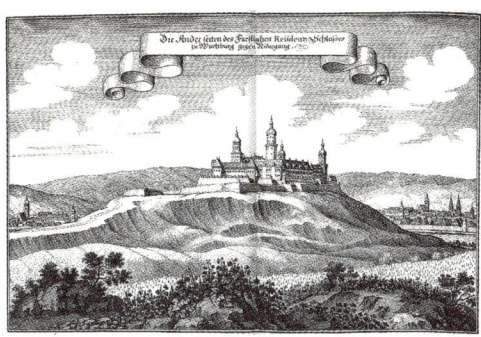

Würzburg (BY), Marienburg, zum vierflügeligen Renaissance-Schloss ausgebaute, in der Frühen Neuzeit mit Bastionen befestigte Burg (Kupferstich aus: Merian, Topographia Franconiae ..., 2/1656).

Eroberung der byzantinischen Hauptstadt Konstantinopel 1453, die wesentlich dem Einsatz schwerer Belagerungsartillerie zu verdanken war, bildete einen Höhepunkt dieser Art der Kriegsführung. Auf weiteren Feldzügen – 1456/58 fiel Athen, 1463-64 besiegten türkische Heere Bosnien und die Walachei, 1479 Albanien, 1483 die Herzegowina – bewiesen die Türken die Effizienz ihrer Artillerie.

In der Zeit um 1500 zeichnete sich die Entwicklung hin zu größerer Mobilität der Artillerie ab: Kleinere, auf Räderlafetten gesetzte beweglichere und schneller zu handhabende Geschützrohre konnten nun Eisenkugeln statt der zuvor verwendeten Steinkugeln verschießen. Sie erreichten eine große Zielgenauigkeit und eine so hohe Anfangsgeschwindigkeit (*Rasanz*), dass die Kugeln fast in gerader Linie flogen; das ermöglichte den Direktbeschuss eines Mauerfußes, der zum Einsturz von Mauern oder Mauerteilstücken führen konnte. Eine bauliche Reaktion auf die neuen Waffen war der Verzicht auf hohe Türme; die Entwicklung im frühneu-

zeitlichen Wehrbau führte allmählich dahin, Festungen dem Sichtfeld und dem Direktbeschuss der Angreifer zu entziehen – sie „verschwanden" hinter dem Glacis (Stadtfestung Rhódos GR; Ordensburg St. Peter/Bodrum TR). Zu den bemerkenswertesten Festungen des frühen 16. Jh. gehört die Stadt Rhódos GR, Residenz und Hauptstadt des Johanniter-Ordens. Nach Belagerungen 1440 durch ein mamlukisches Heer und 1480 durch ein türkisches Heer erfolgten umfängliche Ausbauten: In mehreren Bauphasen wurden Mauern

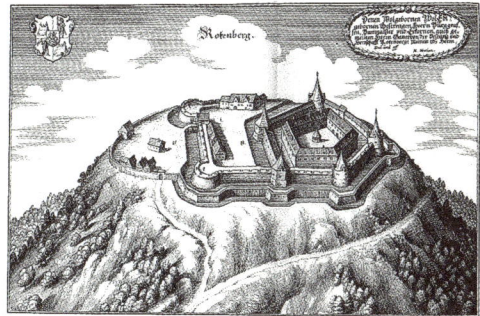

Festung Rothenberg (BY), hervorgegangen aus einer Gipfelburg (Kupferstich aus: Merian, Topographia Franconiae ..., 2/1656).

verstärkt, Gräben vertieft und z.T. verdoppelt. Die A. 14. Jh. etwa 3 m starke Stadtmauer hatte schließlich 1522 eine Stärke von bis zu 12 m.

Seit der Frühen Neuzeit wurden Festungen systematisch geplant. Immer perfektere Festungssysteme und -manieren wurden auf mathematisch-wissenschaftlicher Basis entwickelt und in Traktaten und theoretischen Schriften von Ingenieuren, Mathematikern, Wissenschaftlern, Künstlern und Universalgenies (Leonardo da Vinci, Albrecht Dürer) behandelt; die Festungswissenschaft war entstanden.

Seit dem 15. Jh. mussten also einerseits Verstärkungen der eigenen Wehranlagen gegen Kanonenbeschuss erzielt werden – meist durch Mauerverstärkungen – und andererseits Möglichkeiten geschaffen werden, eigene Geschütze aufzustellen. Die kostenintensive Aufrüstung war nicht bei allen Burgen möglich, so dass konsequente Umbauten nicht überall zu realisieren waren.

Die Entwicklung der Bastionärbefestigung begann im heutigen Italien (v.a. Toskana) und im Johanniter-Ordensstaat (Ägäis). Wahrscheinlich hat die **Bastion** eine Wurzel im Johanniter-Ordensstaat. Sie ist ein im Grundriss 5-eckiges Verteidigungswerk, das flankierend vor die Mauer oder den Wall ausspringt und gilt als bedeutendste Innovation im Wehrbau am Übergang vom Mittelalter zur Frühen Neuzeit: Anstelle der Türme oder Rondelle traten anfangs unregelmäßig polygonale (Rhódos), bald schon 5-eckige, winklig ausspringende, weit vor die Wehrmauer gezogene, aber mit dieser im Verband stehende Werke, die – bei systematischer An-

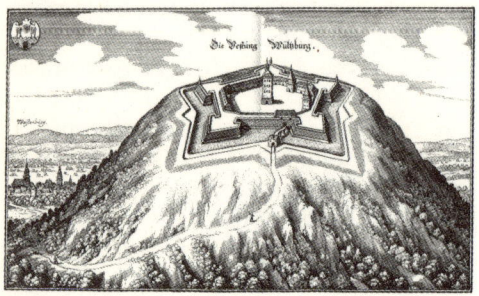

Festung Wülzburg (BY), pentagonale Bastionärbefestigung in Berglage (Kupferstich aus: Merian, Topographia Franconiae …, 2/1656).

lage tote Winkel bei der Verteidigung weitgehend vermeidend – der Aufstellung von Geschützen dienten (s. Bastion). Erste Bastionen entstanden offenbar um 1484 an Befestigungen in der Toskana I; sie wiesen bereits fast alle wichtigen Elemente systematischer bastionärer Befestigungen auf und waren als massive 5-eckige, noch recht schmale Bastionen ausgebildet und besaßen Schießscharten für große Geschütze und flankierendes Feuer. Bald darauf entstanden auch die wohl meist von italienischen Ingenieuren geplanten, teils turmartigen Bastionen der Burg bei Plátanos/Insel Léros GR und die Bastion St. Georg der Stadtbefestigung von Rhódos GR. Es wäre möglich, dass hellenistische Wehrbauten, an denen man bereits im 4. Jh. v. Chr. zu ähnlichen baulichen Lösungen kam (Insel Sámos), Vorbilder waren. Auch an einzelnen byzantinischen Wehrbauten hatte man im Mittelalter bereits, auf ähnlichen Ideen basierend, 5-eckige Turmgrundrisse zur besseren flankierenden Verteidigung des Vorfeldes entwickelt.

In Deutschland wurden ab dem 15. Jh. Burgen zu Festungen ausgebaut. Während bei einigen lediglich einzelne Feuerwaffenscharten eingefügt wurden, erhielten andere Feuerwaffen- und/oder Geschütztürme, Geschützstellungen und -plattformen. Andere wurden aufwändig, teils unter Integrierung, teils unter Beseitigung und Ergänzung mittelalterlicher Bausubstanz zu Festungen (Ehrenbreitstein RP; Rheinfels/St. Goar RP, 17. Jh.). Andere wurden zu Festen Schlössern mit hohem Wohn- und Repräsentationswert (Heidelberg BW; Hardenburg RP; Varenholz NS).

5 Weitere Formen mittelalterlicher Befestigungen / Wehrbauten

Freisitze

Als Freisitz wurden im Spätmittelalter und in der Frühen Neuzeit meist kleinere herrschaftliche, oft burgartige Wohnsitze im Gebiet der späteren Eidgenossenschaft mit meist relativ geringem zugehörigem Landbesitz bezeichnet, die keiner höherrangigen Adelsherrschaft, sondern lediglich dem König bzw. seinem Rechtsnachfolger direkt unterstanden. Ihre Bezirke waren grundrechtlich abgabenfrei und besaßen gegenüber dem umgebenden Niedergerichtsbezirk ein verschärftes Sondergerichtsrecht. Nachdem die Niedergerichtsherrschaften im Thurgau 1798 abgeschafft worden waren, war dieser Rechtsstatus nicht mehr gegeben. Viele der spätmittelalterlichen und frühneuzeitlichen, mehr oder weniger wehrhaften Freisitze wurden im 18./19. Jh. umgestaltet und verloren dabei ihren wehrhaften Charakter (z.B. Arenenberg TG).

Im alpinen Gebiet findet sich die Bezeichnung Ansitz für niederadelige Wohnsitze.

Nürnberg (BY), Stadtansicht. Eine mit vielen Türmen besetzte Stadtmauer umgibt die Stadt; ihr ist zusätzlich ein Zwinger vorgelegt (aus: Hartmann Schedel, Weltchronik, 1493).

gleichen Wehrelemente wie Burgen (Wehrgänge, Schießscharten, Türme etc.).

Oft gingen Städte aus einer Siedlung am Fuß einer Burg – regional unterschiedlich genannt, z.B. – *Burgflecken; Flecken; Tal; Freiheit;* auch *suburbium*) – hervor. Städte hatten seit dem Hochmittelalter zunehmend wichtige politische, wirtschaftliche und militärische Funktionen,

Buchhorn (heute Friedrichshafen, BW); die mittelalterliche Stadtbefestigung wurde im 30-jährigen Krieg ab 1634 mit Erdwerken neu befestigt (Kupferstich aus: Merian, Topographia Sueviae ..., 1643).

Orts- und Stadtbefestigungen

Neben den Burgen gehörten Stadtbefestigungen zu den markanten Wehrbauten des Hoch-, mehr noch des Spätmittelalters. Stadt-/Ortsbefestigungen zeigen die

Manderscheid (RP), Niederburg und Tal Niederman-
derscheid (Kupferstich-Ausschnitt aus: Braun/Hogen-
berg, Civitates orbis terrarum, 1572ff, Bd. V, Bl. 25).

daher versuchten Burgherren, vom König die Erlaubnis zu erlangen, nahe ihrer
Burg eine Stadt zu gründen. So erhielt
1336 Graf Gerhard v. Blankenheim, Herr
zu Gerolstein, von Kaiser Ludwig für den
Flecken Gerolstein RP unterhalb seiner
Burg Stadt- und Marktrechte, verbunden
mit der Genehmigung, den Ort mit Mauer und Graben zu befestigen. Oft waren
deren Befestigungen mit denen der Burg
baulich verbunden und entsprechend
unregelmäßig in ihrem Verlauf (Gerolstein RP; Niedermanderscheid RP). Manche der manchmal winzigen Burgstädte
erreichten nur die Größe einer Vorburg
(Blumenfeld BW; Tengen BW: ein Stra-
ßenzug; Wildenburg RP); mancherorts
bildeten die Rückwände der Häuser die
Stadtmauer (Tengen BW).

Gegen Ende des 12. Jh. und im 13. Jh.
kam Städtegründungen, auch abseits von
Burgen, eine wichtige Funktion im Rahmen der Territorialpolitik zu. Typisch
für mittelalterliche Stadtbefestigungen

sind ovale bis elliptische Umrisse (Ahrweiler RP, M. 13. Jh.; Mayen RP) bzw. an
Flussufern halbkreisförmige mit dem
Fluss als Schnittlinie (Köln). Seit der
Stauferzeit sind sie bisweilen dem Recht-
eck angenähert. Bei Kolonialgründungen
des 13. Jh. im Osten Europas gab es annähernd rechteckige, ovale und runde
Grundrisse. Eine Vielzahl von hohen bzw.
nachträglich erhöhten Türmen unter-
strich im Spätmittelalter den Rang der
jeweiligen Stadt (Köln; Nürnberg; Ra-
vensburg BW). Viele Städte vergrößerten
den Umfang ihrer Befestigung im Spätmittelalter durch Einbeziehung und Um-
mauerung von Vorstädten (Speyer RP;
Überlingen BW). Besonders repräsentativ waren meist die Stadttore gestaltet
(Andernach RP; Speyer RP); im Rheinland waren dies häufig Doppelturmtore
(Köln; Ahrweiler). Zahlreiche Stadtbefestigungen wurden spätestens im 19. Jh.
größtenteils als Verkehrshindernisse
niedergelegt; anstelle der Befestigungs-
ringe entstanden Ringstraßen (Wien)
und Boulevards.

Sehr einfache Befestigungen mit
Wall/Graben und/oder Hecken/Gebück
gab es noch im Spätmittelalter, so die
Hainbefestigungen in der Wetterau (Al-
tenstadt HE).

Kirchenburgen, Wehrkirchen und Wehrkirchhöfe

Als **Kirchenburgen** werden in der Burgenforschung aus einer Wehrkirche und
einem Wehrkirchhof zusammengesetzte,
zumeist am Rande von Dörfern gelegene
Einheiten bezeichnet. Zahlreiche Beispie-

le für solche Anlagen finden sich in Siebenbürgen RO. In Deutschland ist die *Burgkirche* in Ober-Ingelheim RP eine der wenigen „echten" Kirchenburgen: Sie steht inmitten eines hochgelegenen befestigten Kirchhofes (15. Jh.), der mit der Ortsbefestigung verbunden ist; in der Langhaus-Westfassade gibt es runde Feuerwaffenscharten. Der Begriff „Burg" sollte für diese Wehranlagen aber nur genutzt werden, wenn die Burgfunktion Wohnen – zumindest auf Zeit – gegeben war. In Siebenbürgen, Österreich, der Steiermark und Krain entstanden *Kirchenkastelle* gegen tartarische und türkische Angriffe; am Platz um die Kirche standen Vorratshäuser (hussitisch: *Tabors*) dicht aneinander; ein einziger Zugang führte in die Wehrbauten, die gewöhnlich eine Ringmauer mit zwei Wehretagen (Scharten, Wehrgang) besaßen (Steiermark A: Feldbach; Siebenbürgen RO: Denndorf, Kaisd, Schweicher, Trapold).

Impulse zur Befestigung sakraler Bauten und Bereiche waren – neben regionalen Konflikten, wie in Mittelhessen im Spätmittelalter – die Hussitenkriege (1420er/30er Jahre) und die „Türkenangst" nach dem Fall der byzantinischen Hauptstadt Konstantinopel 1453. Kirchenburgen, Wehrkirchen und -kirchhöfe waren Rückzugsorte der Bevölkerung in Kriegszeiten, doch spielten sie wohl, dies ist bisher nicht erforscht, auch eine Rolle in Konzepten spätmittelalterlicher Territorialverteidigung. Nicht immer sind die Bauherren wehrhafter Ausbauten von Kirchen bekannt.

Wehrkirchen: Die meisten der als Wehrkirchen bezeichneten Anlagen sind kei-

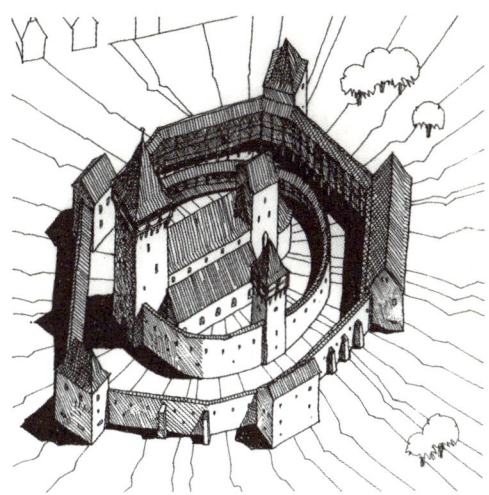

Braller/Siebenbürgen (RO), Kirchenburg, Isometrie (Zeichnung: Hermann Fabini).

ne; der Begriff wurde und wird undifferenziert für befestigte Kirchhöfe ebenso benutzt wie für viele Kirchen mit zwar starken Türmen, aber ohne Defensivanlagen. Leider fanden solche Fehleinschätzungen oft ungeprüft Aufnahme in die jüngste kunsthistorische Literatur, obwohl die Burgen- und Festungsforschung längst andere Erkenntnisse gewonnen hat, doch hat sich die Kunstgeschichte bislang kaum mit mittelalterlichen Burgen und Wehrbauten befasst. Viele Licht-/Luftschlitze in Kirchtürmen wurden so als Schießscharten missverstanden, doch waren Schießscharten im heutigen Deutschland bis zum Ende des 13. Jh. noch nicht verbreitet (Biller 1993). Dabei genügt meist ein Blick ins Innere der Schartennischen, um solche Missverständnisse zu verhindern. Die Maße der Licht-/Luftschlitz-Innenöffnungen sind oft so gering, dass sie weder für den Ein-

satz einer Armbrust noch für Bogen-
schützen nutzbar gewesen wären. Um eine Maueröffnung effizient als Schießscharte nutzen zu können, musste diese
einerseits entsprechend auf das zu ver-
teidigende Vorfeld ausgerichtet sein und
andererseits die Schartennische genü-
gend Aktionsraum für einen Verteidiger
bieten. Je nach Waffe (Bogen, Armbrust,
ab 15. Jh. zunehmend Hakenbüchse) benötigte der Schütze ausreichend Bewegungsraum zum Einsatz seiner Waffe sowie eine gute Sicht auf das Vorfeld des zu
verteidigenden Gebäudes.

Dicke Mauern wurden ebenfalls als
„Beweise" für die Wehrhaftigkeit von
Kirchtürmen angeführt, doch mussten
diese aus statischen Gründen dicke Mauern haben, um Last und Schwingung von
Glocken zu aufzufangen (Zeune 1996,
51). Gerne werden auch ins 1. Obergeschoss einmündende Hocheingänge von
Kirchtürmen als Indizien für Wehrhaftigkeit herangezogen; Heimatforscher
und Kunsthistoriker benannten immer
wieder die scheinbare Möglichkeit, sich
im Angriffsfall in einen Turm zu flüch-
ten und die Leiter zum Hocheingang
„einzuziehen", doch fällt bei logischem
Denken die Vorstellung schwer, sich alle
Bewohner/-innen eines Dorfes gemeinsam in einem Kirchturm vorzustellen,
von den notwendigen Lebensmitteln,
Wasser und schließlich den zur Verteidigung benötigten Waffen – dazu gehörten
im Mittelalter auch Wurfsteine in größeren Mengen – erst gar nicht zu reden!

Doch in manche Kirchtürme wurden
tatsächlich Schießkammern und -schar-
ten für Armbrüste und Feuerwaffen eingefügt; manche Türme erhielten ein ab-

schließendes Wehrgeschoss mit Zinnen
und Schießscharten (Heskem HE) oder
-lücken (Ebsdorf HE), d.h., mancherorts
ist nur das Kirchturm-OG wehrhaft gestaltet (Geilshausen HE: Zinnen und
Scharten, 14. Jh.?); meist geschah das
nachträglich (Wehrda HE, Feuerwaffenscharten, 15. Jh.?). In Mittelhessen gibt es
eine Gruppe starker, in den Obergeschos-
sen mit je 8 Schlitzmaulscharten versehe-
ner Kirchtürme (Oberkleen, um 1500).
Und im westlichen Bodenseegebiet stehen
einige Kirchtürme mit mehreren wehrhaften, mit Feuerwaffenscharten verse-
nen Geschossen (Bonndorf; Immenstaad;
Weiterdingen). Eine Ausnahme stellt die
Schießscharte in der Turmecke der Kirche
in Thayngen TG dar. Auch Wehr-/Wurf-
erker gehörten zu den Wehrelementen an
Kirchtürmen (Mardorf HE).

In Kempenich RP wurde die Pfarrkirche im Rahmen einer Fehde im 14. Jh.
befestigt und umkämpft, obwohl beim
Ort mindestens eine Burg stand. Und in
Riedheim BW wurde offenbar 1499 beim
Angriff eidgenössischer Truppen auf die
nahegelegene Burg ein Lichtschlitz im
Kirchturm zu einer Feuerwaffenscharte
erweitert, um die Burg gezielt beschie-
ßen zu können.

Die Türme mehrerer innerstädtischer
Kirchen am Mittelrhein und in der Eifel
erfuhren Aufstockungen um Geschosse
mit Zinnen: St. Martin in Oberwesel RP
(1390f im Zusammenhang mit der Befestigung der Vorstadt Niederburg); die
Stiftskirche in St. Goar RP (Zinnen,
Scharten); St. Peter in Bacharach (Zinnen, Eckwarten); die Stiftskirche Münstermaifeld (14. Jh.). Der Chor der unmittelbar hinter der Stadtmauer stehenden

Bischofskirche in Rhódos GR trägt einen Zinnenabschluss.

Wehrkirchhöfe: Dörfliche Kirchhöfe waren im Mittelalter nicht nur Begräbnisstätten, sondern vielfach auch Rechtsorte und damit öffentliche Plätze, die in einem Kontext mit der Kirche standen. Wie die Kirche selbst, wurde seit dem 12. Jh. auch ein neuer Friedhof durch einen Bischof oder einen von ihm beauftragten Geistlichen geweiht und so zum „heiligen Ort". Meist war er durch eine Ringmauer als Rechtsbezirk umgrenzt. Damit war die Kirchhofmauer aber noch keine Wehrmauer, zumal eine Befestigung von Kirchhöfen auf kirchlichen Synoden wiederholt untersagt wurde (Synoden von St. Omer 1099, Magdeburg 1261, Würzburg 1287, Mainz 1310), doch gab es offenbar immer wieder Verstöße gegen diese Verbote.

Bedeutende Wehrkirchhöfe liegen in Franken (Hanberg, um 1450; Effeltrich), Thüringen (Schala) und Hessen. In Hessen besitzen viele Dorfkirchen ovale (Niederasphe), seltener rechteckige (Roßdorf) Kirchhofsummauerungen, die im 15. Jh. teils Torhäuser (Ebsdorf) oder -türme und Schießscharten (Roßdorf; Wehrda) erhielten. In der Pfalz ist der Kirchhof Dörrenbach (annähernd rechteckig mit runden Eck-Flankierungstürmen, 14. Jh., nach Zerstörungen 1460 und 1528 erneuert, teils mit Zwinger) zu nennen. Im Elsaß sind Hartmannsweiler und Hunaweier (Kirche erhöht, von 3-4 m hoher Mauer in unregelmäßigem Sechseck umgeben, an den Ecken gerade und runde Türme, Ø 5 m, mit je 3 Gewehrscharten, Torturm) vergleichbare Anlagen.

Entgegen anderen Behauptungen war nicht jeder ummauerte Kirchhof ein Wehrkirchhof. Vermutlich rührt das Klischee von den vielen wehrhaften Kirchhöfen daher, dass noch Militärhandbücher des 20. Jh. darauf verwiesen, im Kontext von „Dorfgefechten" könnten Kirchhöfe zum „Reduit" werden (H. Frobenius: Militär-Lexikon. Handwörterbuch der Militärwissenschaften. Berlin 1901).

Wehrhafte Kirchen und Sakralbauten gab es in Frankreich; während der Englischen Kriege (14./15. Jh.) wurden einige Kirchen mit Wehrgängen über den Strebepfeilern versehen.

Klosterburgen und -befestigungen

Der Begriff Klosterburg gehört zu den ungenauesten innerhalb der Burgenkunde. Er bezeichnet Klöster, die aus von Adeligen gestifteten Burgen entstanden

Maulbronn (BW), Zisterzienser-Kloster. Die Ringmauer mit spätmittelalterlichen (Wehr-)Türmen (aus: Pierers Konversationslexikon, 7/1891).

(Andechs BY; Arnstein RP; Banz BY; Großcomburg BW; Kastl BY; Limburg a. d. Haardt RP) ebenso wie zur Verteidigung befestigte Klöster (Maulbronn BW; Trier RP: St. Maximin, kreisförmige Ringmauer und Graben). Viele Klöster weisen über die Ringmauer hinausgehende Befestigungen verschiedensten Ausmaßes auf: Schon der um 820 entstandene St. Gallener Klosterplan zeigt den nördlichen Westturm als Warte; irische Klöster besaßen teils Feuertürme als Wacht-/Signaltürme. Viele Klöster wurden noch in der Frühen Neuzeit neu befestigt, wobei die Wehrbauten sehr aufwändig sein, wie bei einigen österreichischen Klöstern (Göttweig; Melk), oder eher die Funktion von Bedeutungsträgern haben konnten (BW: Ochsenhausen; Salem).

Wachttürme, Warten, Landwehren

Zu den mittelalterlichen Wehrbauten gehörten auch Wachttürme (sog. Warten), die einzeln stehen oder, zunehmend ab dem 15. Jh., in Landwehren eingebunden sein konnten (Worms RP), doch gab es Warten und Landwehren bereits früher (römischer Limes).

Als **Landwehr** bezeichnet man eine gewöhnlich aus Graben, Wall und Gebück bestehende, auch städtische Grenzbefestigung, die oft nur begrenzt militärischen Wert hatte; sie bot Schutz gegen kleinere Truppen und markierte Rechts- und Anspruchsgrenzen (Stadt Schaffhausen CH; Rheingauer Gebück HE). Aus Frankfurt/M. ist die Entwicklung des Wartensystems im Spätmittelalter be-

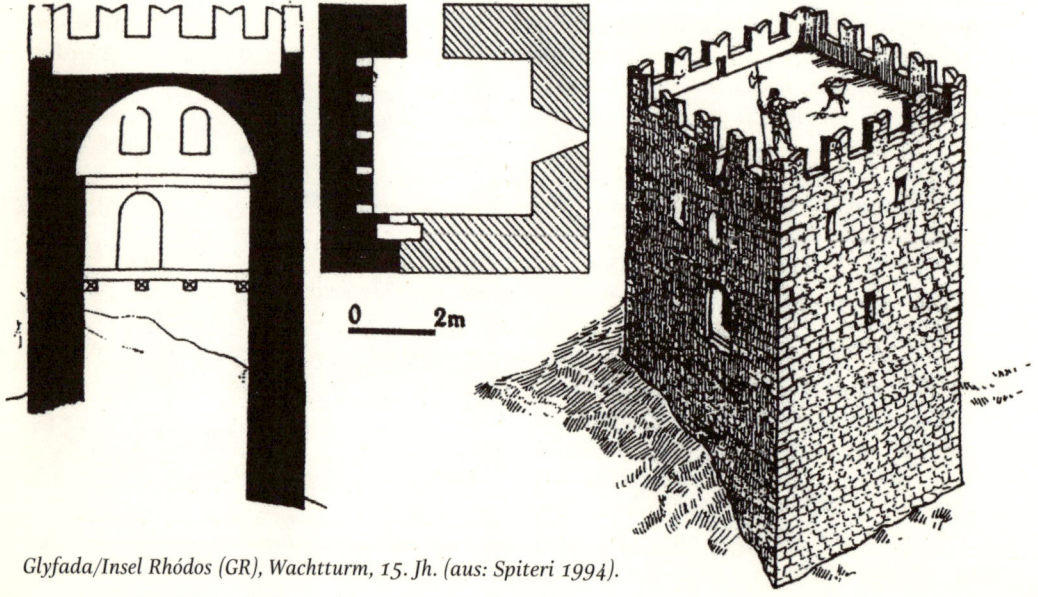

Glyfada/Insel Rhódos (GR), Wachtturm, 15. Jh. (aus: Spiteri 1994).

kannt: Dort gab es anfangs auf hohen Bäumen stationierte Wächter. Es folgten hölzerne und 1414-76 schließlich steinerne Warten, offenbar alle mit befestigten Höfen verbunden. Ein ähnliches System gab es in Speyer. Zur spätmittelalterlichen Landwehr bei Hannover (ab M. 14. Jh.) gehörten Wälle, Gräben und 10 Warttürme. Hegereiter kontrollierten mancherorts die Landwehren (Rothenburg o.d.T.). Landwehren gab es auch bei Hildesheim NS und Schwäbisch Hall BW.

Warten in Form einzeln stehender, von Wall und Graben umgebener (Rund-)Türme waren also oft Teil des vorgeschobenen Befestigungsrings bzw. Rechtsbezirks einer Stadt, den später mancherorts eine durchgängige Landwehr sicherte (Speyer RP). Warten entstanden häufiger im 14./15. Jh.; sie umgaben das Weichbild der Städte in Sichtweite (Fritzlar HE, 6 Warten) und boten so Warnmöglichkeiten (Wiesbaden HE, Warte im Osten gegen die Eppsteiner Ritterschaft). Noch heute sind in Deutschland viele Einzeltürme, teils inmitten moderner Großstädte erhalten (Frankfurt/M., Bockenheimer Warte). Manche Warten übernahmen Burgfunktionen, wie die Wittelsberger Warte HE, die um 1430 vom Landgrafen v. Hessen im Kontext einer Landwehr gegen die Amöneburg HE erbaut wurde. Sie ist als Rundturm mit Hocheingang, Schlüsselscharten, Wurferkern inmitten einer Wall-Graben-Befestigung angelegt. Im Typ ähnlich ist die Grünberger Warte HE.

In der Schweiz gab es **Letzinen** genannte Landwehren zur Sperrung von Tälern und Pässen; sie konnten aus Trockenmauern, Wällen, Gräben und Gebück mit Palisaden und Gattern an den Durchlässen bestehen.

Auf der zum ägäischen Johanniter-Ordensstaat (1307-1522) gehörigen Insel Rhódos GR entstand ab der 2. H. 15. Jh. eine Kette von Küstenwachttürmen. Neben rechteckigen wohnturmartigen Bauten gab es kleine runde, oft massive Türmchen mit Aussichtsplattformen (s. Losse 2009).

III Formen und Typen mittelalterlicher Burgen

1 Topographische Typen: Zur Standortwahl von Burgen

Burgen werden nach ihrer topographischen Lage in Höhen- und Niederungsburgen unterschieden. Zu den Höhenburgen gehören Gipfel-, Sporn-, Zungen-, Plateaurand-, Hang-, Felsen- und Höhlen-/Grottenburgen, die sich nicht in allen Fällen klar gegeneinander abgrenzen lassen. Die topographische Typologisierung ist ein Instrument wissenschaftlicher Bearbeitung der Burgen, sie erlaubt aber keine Rückschlüsse auf deren jeweilige Entstehungszeit und Funktion.

Die Burgen Laufen und Woerth am Rheinfall (CH). Während „Schlössli Woerth" eine Niederungs-/Wasserburg ist, steht Laufen als Höhenburg für den Typus der Spornburg, gesichert durch einen Halsgraben (Kupferstich aus: Merian, Topographia Helvetiae ..., 1642).

Höhenburgen

Befestigte Höhensiedlungen und „Burgen" gab es im heutigen Deutschland bereits in ur- und frühgeschichtlicher Zeit, etwa während der zur älteren Eisenzeit zählenden Hunsrück-Eifel-Kultur (7./6.-4. Jh. v. Chr.). Nach diesen keltischen entstanden auch spätrömische Gipfelbefestigungen im Gebiet des heutigen Deutschland.

Zu den Höhenburgen gehören viele frühmittelalterliche, oft undifferenziert als Ringwälle bezeichnete Großburgen des 7.-10. Jh., die, vom König oder anderen hochrangigen Bauherren angelegt, Verwaltungs- und Militärfunktionen, aber auch Schutzfunktionen hatten. Die Großburgen des Frühmittelalters nahmen vielfach ganze Bergplateaus ein, ihre Wälle oder Mauern folgen dem Verlauf der Plateaukante (Christenberg HE: merowingisch-karolingisch). Ab dem 10./11. Jh. entstanden dann zunehmend Adelsburgen, befestigte Wohnsitze adeliger Familien, die den repräsentativen Wert von Höhen- und Gipfellagen schätzten. Burgen waren spätestens jetzt „Symbole der Macht" (Zeune 1994). Baute zu Beginn fast nur der dynastische Hochadel solche Burgen (Nellenburg BW), begannen im 12. Jh. auch Niederadelige, markante Höhenburgen zu errichten. Bald folgten Ministeriale als Bauherren (Münzenberg HE). Höhenburgen weisen meist an der Bergform orientierte und daher

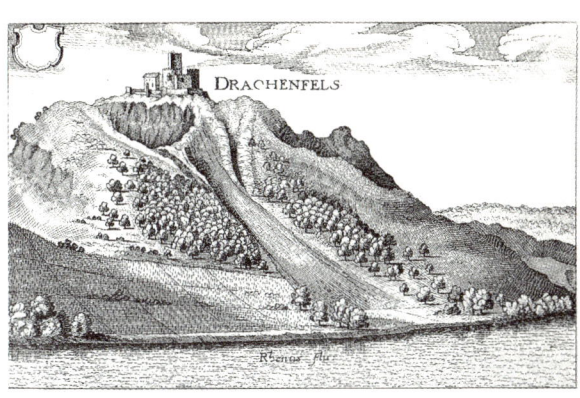

Bad Godesberg (NRW), Godesburg, eine Gipfelburg (Kupferstich aus: Merian, Topographia Archiepiscopatuum Moguntinensis, Trevirensis et Coloniensis, 1646).

Burg Drachenfels (NRW), eine im Hochmittelalter gegründete Gipfelburg (Kupferstich aus: Merian, Topographia Archiepiscopatuum Moguntinensis ..., 1646).

annähernd ovale oder polygonale Grundrisse möglichst unter Vermeidung einspringender Winkel auf. Regelmäßige Formen wurden meist nicht angestrebt. Die Wohnbauten überragten die Ringmauer kaum, ein Bergfried oder Wohnturm bildet die Dominante. Die Gebäude der Burg wurden oft aus Platzmangel und zur Materialersparnis an die Innenseite der Ringmauer angebaut. Bei (fast) geschlossener Gebäudereihung ringsum nennt man solche Burgen Hausrandburg (Eltz RP). Polygonale und ovale Höhenburgen kamen bis zum 14./15. Jh. in ganz Europa vor; seltener waren regelmäßige Kastellburgen in Höhenlage.

Nachfolgend werden die gängigsten topographischen Typen kurz charakterisiert.

Gipfelburgen sind Burgen, die auf einem Berggipfel stehen (Godesburg NRW; Hohenkrähen BW; Marksburg RP; Otzberg HE). Bei besonders steilen Standorten ergeben sich spektakuläre Lagebilder (Monólithos/Insel Rhódos GR; Falkenstein BY; Trosky CZ).

Nach gegenwärtiger Kenntnis begann der „klassische" mittelalterliche Gipfelburgenbau im 9./10. Jh. (Caldern HE; Weißenstein HE). Salierzeitliche Turmburgen (Schlössel RP) entstanden, ebenso wie hochmittelalterliche Burgen des dynastischen Adels, oft auf teils isolierten Gipfeln (Nürburg RP). Während einige schon im 12./13. Jh. aufgegeben wurden, überdauerten andere, teils zu Festen Schlössern oder Festungen umgebaut (Hohentwiel BW) bis in die Frühe Neuzeit. Einige Gipfelburgen entstanden erst Ende des Mittelalters (Freudenkoppe RP; Hohenfreyberg BY; Steckelberg HE). Burgen auf isolierten Berggipfeln bestimmen das verbreitete Klischeebild von „der" mittelalterlichen Burg (Gleiberg HE; Steinsberg BW; Trifels RP; Vetzberg HE; Wartburg TH).

Sonderformen der Gipfelburg stellen Burgen dar, die unmittelbar neben einem Gipfel stehen (Wernerseck RP) oder

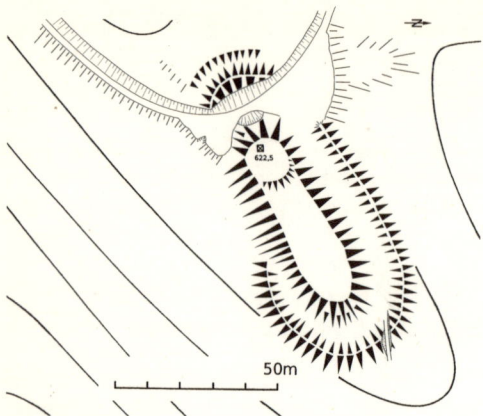

Billafingen (BW), Zwingenburg, Grundriss der durch Waldwegebau gestörten Spornburg (Aufnahme: Uwe Frank; Zeichnung: Ralf Schrage).

deren Standort eine Spornkuppe ist (Rheingrafenstein RP). Mischformen von Gipfel- und Hangburg konnten durch die bauliche Erweiterung einer Gipfelburg entstehen, die einen der Berghänge einschloss (Manderscheid RP: Niederburg).

Nicht immer voneinander abzugrenzen sind Gipfel- und **Gratburgen** (Kástro/Insel Chálki GR). Gratburgen sind Burgen, deren Gebäude einen Berggrat vollständig (Burghausen BY) oder zum Teil (Schellenburg RP) einnehmen.

Spornburgen entstanden auf – oft durch einen Halsgraben vom anschließenden Gelände abgetrennten – Bergspornen/-zungen. Sie gehören zum Typus der **Abschnittsburgen**. Verschiedene Formen von Abschnittsbefestigungen sind in großer Zahl für ur-/frühgeschichtliche Zeit bezeigt; die meisten waren Spornbefestigungen. Ideal bei der Spornlage war, je nach Gelände, die Ausnutzung des natürlichen Steilabfalls

auf zwei (bei Dreieckform: Rosenegg BW) bis drei (bei Viereckform: Wall auf dem Keller BW) Spornseiten; nur die dritte bzw. vierte, beim einem Angriff besonders gefährdete Seite wurde meist aufwändiger befestigt, oft mit einem Abschnittswall, dem meist ein Graben vorgelegt war. Unter den frühmittelalterlichen Befestigungen (7.-10. Jh.) gibt es zahlreiche Abschnittsburgen. Besonders große Anlagen besaßen bisweilen eine aus mehreren Abschnittswällen/ –gräben bestehende Befestigung (Owingen BW, Burstel). Eine Abschnittsburg konnte auch abseits eines Spornes inmitten eines Höhenzuges liegen. Sie musste dann auf zwei Seiten besonders gesichert werden.

Spornburgen konnten von ansteigendem Gelände stark überhöht sein (Freienfels HE). Spornlagen wurden schon für ur-/frühgeschichtliche Befestigungen gewählt, ebenso im Frühmittelalter (Bad Münstereifel NRW, Alte Burg, 9. Jh.). Im Spätmittelalter bildeten sie u.a. am Mittelrhein die gängige Form der Höhenburg; vom Hang aus waren Funktionen im Tal (Zollerhebung; Straßen-/Flussüberwachung) besser wahrzunehmen. Die nicht selten überhöhte Bergseite wurde seit dem Hoch- und insbesondere dann im Spätmittelalter öfter durch den in die Ringmauer integrierten Bergfried oder Wohnturm gesichert (Frontturmburg: Ehrenstein TH; Wensburg RP); als frühestes bekanntes Beispiel gilt die Marburg HE. Auch eine Schildmauer konnte diese Schutz- und Repräsentationsfunktion übernehmen (Berneck BW; Schönburg/Oberwesel RP). Seltener fanden sich Kombinationen aus Schildmau-

St. Goarshausen (RP), Burg Neukatzelnbogen (Burg „Katz"), Hangburg mit Frontturm (nach Dilich, 1607).

er und Turm. Der Turm konnte dabei unmittelbar hinter der Mauer stehen (Wildenburg/Odenwald BY: übereck gestellt; Ortenburg/Elsaß; Mellnau HE), in sie einbinden (Hohenecken RP; Freienfels HE) oder feldseitig aus der Mauer ausspringen (Trendelburg HE, 1443/56). Eine andere Variante ist die von zwei Türmen flankierte Schildmauer (Ehrenfels HE). Schildmauern boten anfangs nur Deckung durch Mauermasse ohne weitere Wehreinrichtungen als den Wehrgang (Reichenstein RP; Landeck/Klingenmünster RP) oder allenfalls hölzerne Aufbauten. Seit dem 14. Jh. wurden sie zunehmend in die aktive Verteidigung einbezogen (intergrierte Schießkammern: Ortenberg/Elsaß) und nach Verbreitung der Feuerwaffen öfter als mächtige Geschützstände (Madenburg RP), teils unter Einbeziehung natürlicher Felsriegel (Neuscharfeneck RP) ausgebaut. Kleinere Sporn- und Hangburgen haben statt einer Schildmauer oft nur eine zum überhöhten Gelände verstärkte Ringmauer oder Gebäudewand (Ramberg RP). Im Spätmittelalter erscheinen vereinzelt hangseitig vorgeschobene Geschütztürme oder -plattformen teils jenseits des Halsgrabens (Hardenburg RP).

Eine Sonderform der Spornburgen bilden manche Burgen auf Halbinseln (Birgu M: Kavalier, 16. Jh., statt Schildmauer). Selten verkörpern Spornburgen den (modifizierten) Kastelltypus (Schönecken RP).

An Berghängen erbaute **Hangburgen** gleichen strukturell und baulich Spornburgen. Bei manchen ist der Bauplatz durch Terrassierung aus dem Hang herausgearbeitet. Bergseitig konnten sie eine Schildmauer (Ehrenfels HE), ein Bergfried oder Wohnturm (Sooneck RP) oder mehrere Türme schützen (Karneid/Südtirol). Nur selten sind Hangburgen Kastellburgen (Bad Münstereifel NRW). Auch nahe oder innerhalb einer großen Burg stehende Burgmannensitze können als eigenständige Hangburg ausgebildet sein (Altenahr RP, Burghaus Gymnich als Frontturmburg; Staufenberg HE, Unterburg).

Plateaurandburgen waren, wie Sporn- und Zungenburgen, meist durch einen (Hals-)Graben vom anschließenden Gelände abgegrenzt und so gegen dieses gesichert (Amöneburg HE).

Felsen- und Höhlenburgen: Otto Piper unterschied in seiner ‚Burgenkunde' ([3]1912) drei oft nicht genau voneinander zu trennende Varianten von Felsen- und Höhlenburgen: 1. an Felsen angebaute

Burgen (Fragstein GB, CH; Loch/Ober-
pfalz BY); 2. eigentliche Höhlenburgen
(Stein/Traun BY); 3. ganz oder teils aus
dem Fels gehauene Burgen (Blumenstein
RP; Buchfahrt TH; Fleckenstein F). In allen Fällen war die Gestaltung durch den
Bauplatz sehr beschränkt. Nur selten war
der Bau eines Bergfrieds möglich,
manchmal übernahm ein abgearbeiteter
Fels diese Funktion (Drachenfels RP).
Teils waren Zugänge durch einen dem
Fels anbefügten turmartigen Bau gesichert (Ürzig RP: Michelsley). Häufig gab
es solche Burgen in felsigen Gebieten mit
leicht zu bearbeitendem Material
(Rotsandstein: Pfalz; Elsaß). In eine Höhle hineingebaut ist Kronmetz/Etsch I, einen Felsüberhang und eine Höhle nehmen die Bauten der Klosterburg Kýra
Psilí/Insel Kálymnos GR ein, die Wehrmauer ist an der Innenseite bebaut. Auf
einer künstlich ausgearbeiteten Höhle

steht die Hauptburg der Ramburg/Pfalz,
z.T. künstlich unterhöhlt sind Berwart-
stein und Lindelbrunn in der Pfalz. Einige als Einsiedeleien gedeutete oder später als solche genutzte Höhlenburgen
wurden erst jüngst als solche erkannt
(Goldbach BW: Heidenhöhlen).

Niederungsburgen

Niederungsburgen heißen in ebenem
Gelände erbaute Burgen in Unterscheidung zu Höhenburgen. Im Tiefland
(Münsterland, Norddeutschland) weit
verbreitet, finden sich Niederungsburgen auch auf Hochebenen von Gebirgen,
in breiteren Tälern und an Fluss- und
Seeufern, meist als Wasserburgen, in
ganz Mitteleuropa. Auch Niederterras-
sen am Rande von Flusstälern oder Seeufern konnten Standorte für Niederungsburgen sein (Seeburg/
Kreuzlingen, CH).

Entgegen weit verbreiteter
Meinung entstanden **Wasserburgen** nicht nur im Tiefland,
wie in Ostfriesland, im für seine Wasserburgen bekannten
Münsterland oder in den Nie-
derlanden; es gab sie überall
in Europa. Insbesondere im
Niederrheingebiet und in der
Nordeifel entstanden im 12.
Jh. viele Wasserburgen, verstärkt im 13. Jh. als Ministe-
rialengründungen.

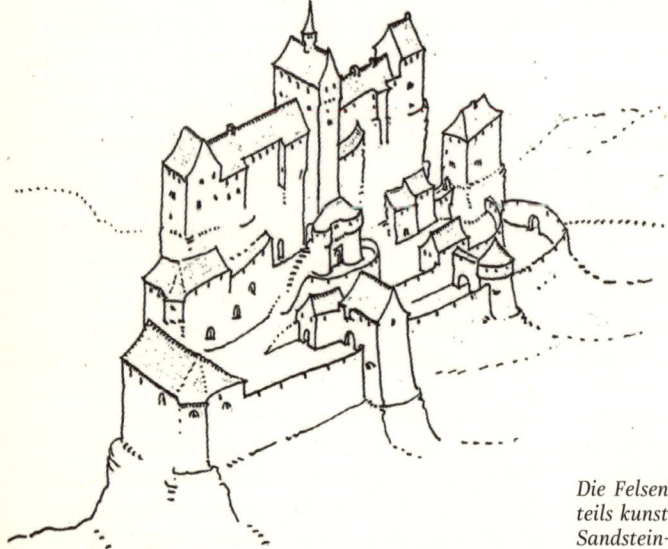

*Die Felsenburg Fleckenstein/Elsaß (F) integriert den
teils künstlich ausgehöhlten, mit Räumen versehenen
Sandstein-Felsriegel (aus: Hartung 1967).*

Langenargen (BW), Wasserburg (Kupferstich aus: Merian, Topographia Sueviae ..., 2/1656).

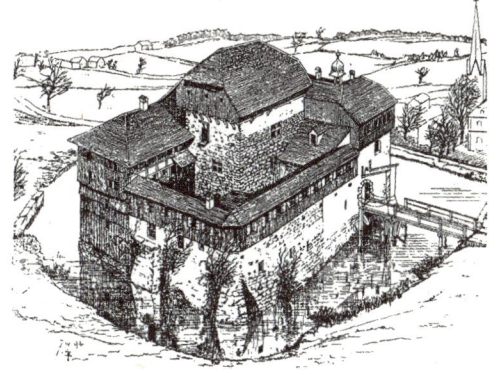

Burg Hagenwyl (TG, CH), Wasserburg in Hanglage (aus: Piper 3/1912).

Die meisten Wasserburgen setzen sich, wie Höhenburgen, aus Haupt- und Vorburg zusammen, die bei Wasserburgen meist auf zwei separaten, künstlich geschaffenen Inseln standen (Gelnhausen HE, Kaiserpfalz), wie zahlreiche Burgen des Typus Motte. Die der Hauptburg zugewandte Seite der Vorburg war meist bebauungsfrei (Büdingen HE; Vischering/Lüdinghausen NRW). Einteilige Wasserburgen, bei denen Herrenhaus und Wirtschaftsgebäude auf einer Insel standen, galten bisweilen als unstandesgemäß; man wollte den Besitzern dieser Burgen „die Landtagsfähigkeit nicht zugestehen" (Herzog 1989, 84). Eine aus der einteiligen Burg entwickelte Variante zeigt das Herrenhaus auf einem durch einen rechtwinkligen Graben aus der Gesamtinsel herausgetrennten Areal (Langendorf NRW). Von einem Wall oder mehreren Wällen zwischen Wasserflächen konnte die gesamte Anlage der Wasserburg umgeben sein (Möggingen BW).

Eine weitere Variante der Wasserburgen bilden am Ufer eines Gewässers stehende Burgen, bei denen mindestens eine Seite durch das Gewässer geschützt ist (Gondorf/Mosel RP; Treis a. d. Lumda HE, Chillon/Genfer See CH; Sirmione/Gardasee I). Das turmburgartige Schlössli Woerth/Rheinfall CH steht auf einer ufernahen Felseninsel im Rhein. In einigen Fällen wurde der Ringgraben durch das Wasser eines Flusses gespeist (Martinsburg bei Lahnstein/Rhein RP). Vergleichbare Situationen ergeben sich bei **Uferrandburgen** an Seen (Bodensee: Gaienhofen BW; Oberstaad BW) und – im jeweils mittelalterlichen Bauzustand vor Umbauten – am Spitalschlößle/Ludwigshafen BW und in Gottlieben CH. Eine Uferrandburg war das 1499 *Wygerhus* (Weiherhaus) genannte Seehofschlößchen am Steißlinger See BW.

Inselburgen bilden eine weitere Variante der Wasserburg. Ihr Standort ist eine natürliche Insel in einem Fluss (Staden HE), einem See oder im Meer. Auf einer Flussinsel im Rhein steht die Burg Pfalzgrafenstein/ Kaub RP, „die Pfalz bei Kaub", funktional eine Zollburg. Im und am Bodensee gibt es besonders viele Wasserburgen: Auf einer Insel vor einer

Flussmündung in den See steht die Luxburg, auf einer kleinen Insel die Burg Schopflen BW, und am Rand der großen Insel Mainau BW die gleichnamige Deutschordensburg. Eine durch einen Graben vom Festland abgetrennte Halbinsel ist der Standort des Schlosses Montfort/Langenargen BW im Bodensee.

Auf Inseln in größeren Hafenbuchten des Mittelmeeres stehen die Burgen Bourtzi/Náfplion GR und nahe Kuşadasi TR, auf einer der Küste vorgelagerten Insel die Burg Korykos TR.

Bindeglieder zu Höhenburgen stellen auf natürlichen Halbinseln stehende Spornburgen dar, so das *castrum maris*/Birgu M (= Fort St Angelo/Vittoriosa) in einer Bucht des Großen Hafens oder der Burgstall Pfingstbühl/Güttingen BW. Die auf einer Halbinsel bei Kós/Insel Kós GR gelegene Hafenburg wurde erst im Spätmittelalter durch die Anlage eines schiffbaren Halsgrabens von einer Uferrand- zur Inselburg.

Dass eine Höhenburg rundum ein Wassergraben umgab, war selten, so bei Burg Hagenwyl TG, einer Hangburg, die gleichzeitig eine Wasserburg ist.

2 Die Motte als topographischer und architektonischer Typus

Das Wort Motte stammt ursprünglich aus dem Französischen (*la motte*) und bedeutet, wie das mittelhochdeutsche Wort *molt*, Hügel. (Es lebt im heutigen Sprachgebrauch im Wort Maulwurf [mittelhochdeutsch: *Moltwarf*] nach: das Tier wirft Hügel auf.) In der Burgenkunde bezeichnet Motte eine Adelsburg, die aus einem künstlich aufgeworfenen runden, seltener rechteckigen Hügel besteht, der ein anfangs meist hölzernes Wohngebäude (Haus, Wohnturm) trug und von einem Wassergraben umgeben war, aus dessen Aushub der Hügel aufgeschüttet war. Oft umgaben den Turm Palisaden. Es gab einteilige Motten (Hospelt NRW; Kasselburg RP; Kleinbüllesheim NRW) und zweiteilige; letztere umfassten neben dem eigentlichen Burghügel eine jenem vorgelegte, anfangs sichelförmige, später oft rechteckige Vorburg als Wirtschaftshof, die von einem Graben umgeben und so von der Motte getrennt war (Hardtburg NRW; Husterknupp II NRW). Falsch, weil oft synonym verwendet, ist die Verwendung des Begriffs Turmhügelburg für Motten.

Letztlich war die Motte ein Bindeglied zwischen Niederungs- und Höhenburg. Man geht heute von einer Parallelentwicklung von Motte und Turmburg aus; beide Burgentypen dienten als befestigte Wohnsitze adeliger Familien. Motten lagen wohl urspr. öfter als Rückzugsorte nahe bei Herrenhöfen, später wurden sie zu ständigen Wohnsitzen. Vermutlich verbreitete sich die Motte ausgehend von Frankreich als Burgtyp ab dem 9., eher jedoch ab dem 10./11. Jh. in Mittel- und Nordeuropa und in weiten Teilen Nord- und Osteuropas aus.

Hinsichtlich der Entwicklungsgeschichte der Motte gehört die Burg Husterknupp (ehem. Gemeinde Frimmersdorf NRW) zu den besterforschten Objekten. Vor ihrer Zerstörung durch den

Braunkohletagebau wurde sie 1949-51 untersucht. Im wesentlichen wurden vier Bauperioden nachgewiesen: I. Im 10. Jh. entstand anstelle der späteren Burg eine mit einem Graben gesicherte Flachsiedlung. – II: Bis zur 2. Hälfte des 10. Jh. wurde das Siedlungsareal erweitert; durch einen Graben wurde sie zur zweiteiligen Anlage. In der Hauptburg entstand ein kleines, 1 m hohes Plateau, auf dem nur ein Gebäude (Kernmotte) stand. – III: Vom 11. Jh. bis zur Zerstörung zwischen 1194 und 1244 wurde in der Hauptburg ein großer, runder Erdhügel aufgeschüttet (Hochmotte), dem ein erweitertes, jetzt halbkreisförmiges Areal (Vorburg) vorgelagert war. – IV: In der jüngsten Bauphase entstanden dann Steingebäude. Die Außenfronten der Vorburg wurden mit einer Mauer in Holz-Erde-Konstruktion befestigt.

Vielerorts beließ man es bei hölzernen Aufbauten: Steinbauten waren kostspielig und konnten die Statik künstlicher Burghügel gefährden. Bei einigen Burgen wurde der Wohnturm nachträglich „eingemottet", d.h., der Turm stand auf gewachsenem Boden und wurde im Nachhinein im unteren Bereich mit Erde umgeben (Hardtburg/Stotzheim NRW). Bei Baugestalt und Ausstattung variierten Motten vom einfachen hölzernen Turm oder Burghaus mit geringen Abmessungen bis hin zu recht stattlichen Anlagen.

Als Hoch-/Bergmotten bezeichnet man Adelsburgen des 10.-12. Jh., die aus einer natürlichen Geländeformation herausgearbeitet und gar nicht oder wenig nachträglich aufgeschüttet wurden (Blankenheimerdorf NRW: s. Herzog 1991, 76).

3 Architektonische Typen

Je nach Entstehungszeit, Topographie und Funktion wiesen Burgen sehr unterschiedliche Erscheinungsbilder auf. In der folgenden Typologisierung werden die wichtigsten vorgestellt, doch sei ausdrücklich darauf hingewiesen, dass es sich hierbei um moderne burgenkundliche, nicht um mittelalterliche Bezeichnungen handelt.

Turmburgen, Turmhäuser und freistehende Wohntürme

Die nach ihrem prägenden Hauptgebäude benannten Turmburgen waren eine der markantesten und langlebigsten Burgfor-

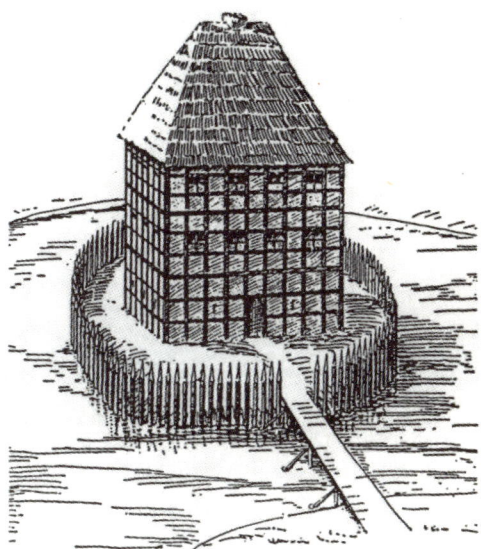

Burg Holtrop bei Bergheim (NRW), Wohnturm in Fachwerk (aus: Piepers 1960).

Rothenburg ob der Tauber (BY), Topplerschlößchen. Turmburg eines Patriziers als Weiherhaus (aus: Piper 3/1912).

men. Ihre Entwicklung könnte parallel zu jener der Motte begonnen haben (Biller 1993); viele Motten sind Turmburgen.

Für die Salierzeit (1024-1125) ist eine Entwicklung im Burgenbau von oft großflächigen frühmittelalterlichen Burgen zu kleineren, durch einen Wohnturm geprägten Burgen festzustellen. Markante Beispiele sind die Arnsburg HE (Spornlage; quadratischer Turm 11,5 x 11,5 m, Mauerstärke ca. 3 m, den in 1,6-5 m Abstand eine Ringmauer umgab), die Burg Dreieichenhain HE und das Schlössel/

Arloff (NRW), Burg mit Wohnturm des späten 13. Jh. (aus: Clemen 1900).

Klingenmünster RP (um 1030/50). Aus den von einer polygonalen Ringmauer umgebenen Turmburgen (Weißenstein HE) entwickelte sich im 12. Jh. die „klassische" Adelsburg (Biller 1993, 123). In Frankreich fand die Ausprägung des Donjons offenbar im späten 11. Jh. statt (Hinz 1981).

Rechteckige Wohntürme entstanden im 12. Jh. in Südwestdeutschland, der Schweiz (u.a. Zähringerburgen) und im Elsaß. H. W. Böhme (1992) benannte fast 80% der von ihm untersuchten salierzeitlichen Burgen in Hessen, Rheinland-Pfalz und dem Saarland als Turmburgen. Reflexe auf solche Turmburgen stellen wohl Burgen des 12. Jh. mit isolierten Bergfrieden auf abgesteilten Felssockeln dar (RP: Sterrenberg/Rhein; Liebenstein/Rhein; Moschellandsberg/Pfalz).

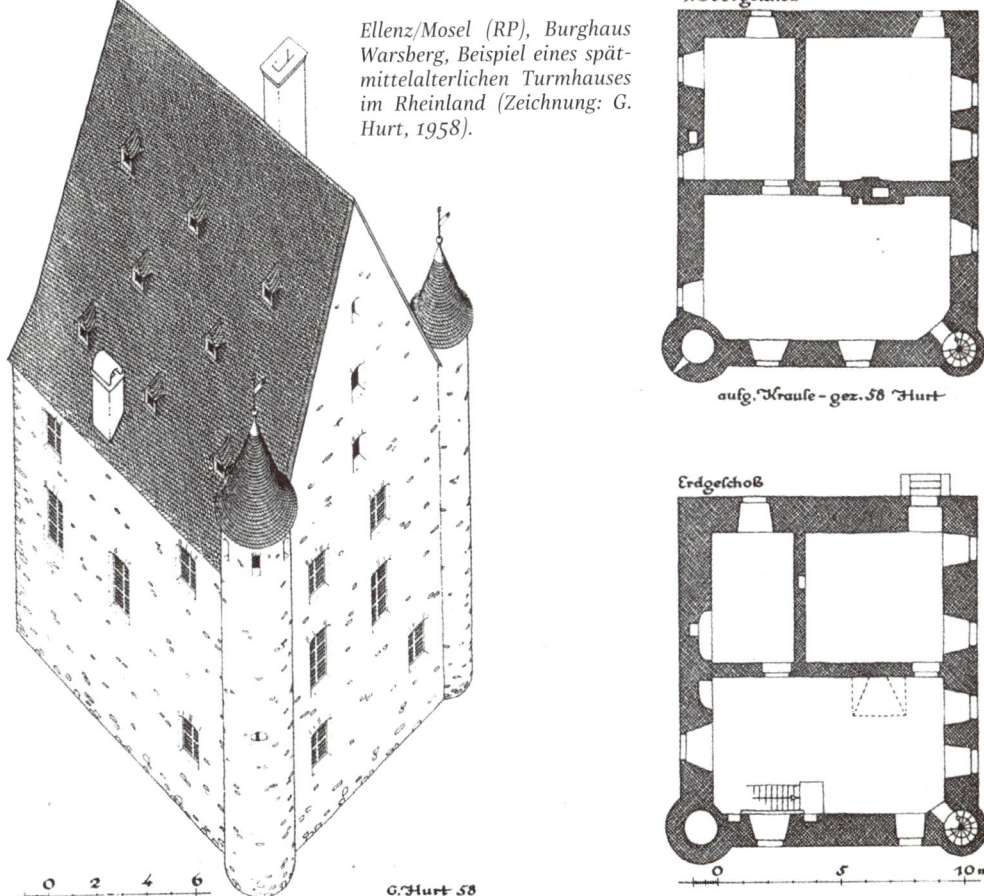

Ellenz/Mosel (RP), Burghaus Warsberg, Beispiel eines spätmittelalterlichen Turmhauses im Rheinland (Zeichnung: G. Hurt, 1958).

Turmburgen wurden in Deutschland im Spätmittelalter vom Niederadel und von Burgmannen erbaut (Arloff NRW, um 1270; Kirspenich NRW; Adenau RP, 15. Jh.), aber ebenso vom Hochadel und von Landesherren (Wenerseck RP: Erzbischof von Trier, 1402ff, Wohnturm in kleiner rechteckiger Kastellburg). Turmhäuser des 16. Jh. tradierten die Idee von der Turmburg (Dreiser Burg RP, um 1579).

In den Kontext der Turmburgen gehören städtische Adels- und Geschlechtertürme (Regensburg; Trier), die innerhalb oberitalienischer Städte besonders zahlreich waren, wo teils verfeindete Familien immer höhere Türme erbauten (Bologna; S. Gimignano). Im Spätmittelalter bauten aber auch Patrizier und Bürgerliche Turmhäuser mit Zinnen innerhalb von Städten (Koblenz).

Im Mittelmeergebiet wurden Turmburgen/-häuser v.a. in durch Piraten bedrohten Gebieten im Spätmittelalter (Moní Ármathou/Insel Rhódos GR) und bis weit in die Neuzeit hinein erbaut (It Torri ta'Santa Cecilja/Insel Gozo M, A. 17. Jh.; Insel Náxos GR, venezianische Turmhäuser; Mani GR, 18. Jh.).

Coxton/Schottland (GB): Coxton Tower, Beispiel eines spätmittelalterlichen Turmhauses auf den britischen Inseln (aus: Billings 1901).

Burg Eltz (RP). Wohntürme und Turmhäuser umgeben den Burghof der Hausrandburg in fast geschlossener Reihe (aus: Piper 3/1912).

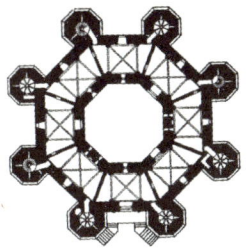

Burg Lahr (BW), eine Kastellburg der Stauferzeit, Rekonstruktionsversuch (aus: List 1966).

Castel del Monte (I), Grundriss der achteckigen Kastellburg Kaiser Friedrichs II.

Mürlenbach (RP), Bertradaburg, Teilansicht der Kastellburg-Ruine mit Doppelturmtor (aus: Wackenroder 1927).

Hausrandburgen

Bei hoch- und spätmittelalterlichen Burgen waren Gebäude aus Platz- und Materialersparnis an die Außenmauern angefügt. Bei fast geschlossener Gebäudereihung ringsum nennt man sie Hausrandburgen (Eltz RP). Während der Kreuzzüge hatte sich ein als „Ringhallentyp" bezeichneter Burgentypus herausgebildet (Krak des Chevaliers SYR; Castel Tornese/Chlemoutsi GR), der seine Vorbilder im orientalischen Burgen- und Karawanserai- sowie im byzantinischen Burgenbau hatte und u.a. Parallelen zu den Shell Keeps in Großbritannien sowie zu süditalienischen Kastellburgen König bzw. Kaiser Friedrichs II. (1212-50) aufweist.

Kastellburgen

Kastellburgen wurden im Kontext des spätmittelalterlichen Burgenbaues ausführlicher behandelt. Insofern sei hier auf Kapitel II 4 verwiesen.

Frontturmburgen

Ein architektonischer Typus hoch-, mehr noch spätmittelalterlicher Sporn-, Grat- und Hangburgen war die Frontturm-

Burg Coucy (F), Rekonstruktionsversuch von Eugène E. Viollet-le-Duc (1814-79) (aus: ...).

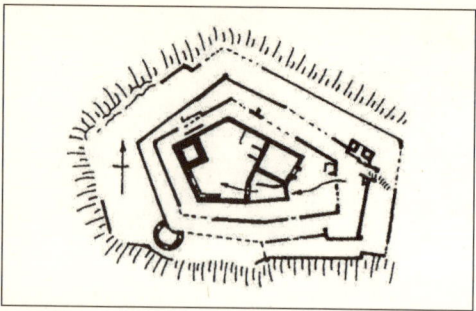

Neckarsteinach (HE), Hinterburg, Grundriss. Der Bergfried ist über Eck an die Frontseite gestellt (Zeichnung: Rudolf Knappe).

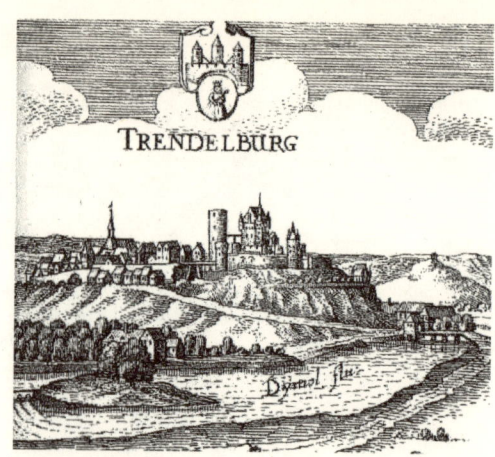

Trendelburg (HE). Die Trendelburg ist als Frontturmburg mit ihrem Bergfried als Hauptturm gegen die Stadt gerichtet (Kupferstich aus: Merian, Topographia Hassiae, 1655).

burg, bei der ein größerer Turm, meist der Bergfried oder Wohnturm, zum Schutz dahinter stehender Bauten sowie aus Gründen symbolträchtiger Machtinszenierung an die Zugangs- bzw. Angriffsseite gerückt ist. Als frühestes bekanntes deutsches Beispiel gilt Marburg/Lahn HE (um 1100). Bei der Frontturmburg konnte der Turm unmittelbar hinter der Mauer stehen (Hohenklingen SH, 2. Bauphase), in sie einbinden bzw.

St. Goarshausen (RP), Burg Neukatzenelnbogen (Burg Katz), die sich mit dem Bergfried gegen den überhöhenden Hang richtet (nach: Dilich 1607).

bündig in ihr stehen (Castell TG; Neuburg/Mammern TG; Freienfels HE), bei winkliger Mauerführung in der Ecke stehen (Tengen BW; Neuhewen BW; Hinterburg/Neckarsteinach HE) und somit Angreifern zwei Seiten zuwenden oder feldseitig aus der Mauer vorspringen (Gutenfels/Kaub RP; Wensburg RP; Hocheppan I). Einige Burgen besaßen Kombinationen aus Bergfried und Schildmauer (Freienfels HE). Die Plazierung des Turmes an der Angriffsseite fand möglicherweise unter Einfluss der Verbreitung weittragender Wurfmaschinen als Angriffswaffen seit dem frühen 13. Jh. statt.

Eine der imposantesten spätmittelalterlichen Frontturmburgen ist Burgschwalbach HE (14. Jh.) mit einer Kombination aus sehr hohem rundem Bergfried, spitzwinklig ausspringender Schildmauer und tiefem Halsgraben, durch den der Burgweg führte.

Trechtingshausen (RP), Burg Rheinstein, eine Sporn-
burg mit Schildmauer (Zeichnung von Wenzel Hollar,
1636, aus: Archiv Deutsche Burgenvereinigung).

Schildmauerburgen

Schildmauerburgen wurden im Kontext
des spätmittelalterlichen Burgenbaues
ausführlicher behandelt. Insofern sei
hier auf Kapitel II 4 verwiesen.

Burg Reichenberg (RP) mit bewohnbarer, von zwei
Bergfrieden flankierter Schildmauer (nach: Dilich
1607).

Burg Rietburg (RP), Rekonstruktionsversuch der
Schildmauerburg (aus: Hartung 1967).

Stadtburgen

Als Stadtburgen werden innerhalb oder
am Rand einer Stadt stehende Burgen
bezeichnet. Meist handelte es sich um
Burgen der Stadtherren (Koblenz RP,
Bischofsburg; Rhódos GR, Großmeisterburg des Johanniter-Ordens) oder ihrer
Statthalter. Bezeichnend für einige kurkölnische Landesburgen ist ihre Erschließung von der bzw. Sicherung gegen die Stadt- und Feldseite (Ander-
nach/Rhein), um sich so auch gegen die
Stadtbewohner zu sichern; ähnliches
gilt für andere stadtherrliche Burgen
(Kurtrier: Mayen RP; Wittlich RP) und
städtische Burgen (Nürnberg BY; Mo-
ritzburg SA). Mit den Stadt-/Ortsbefesti-

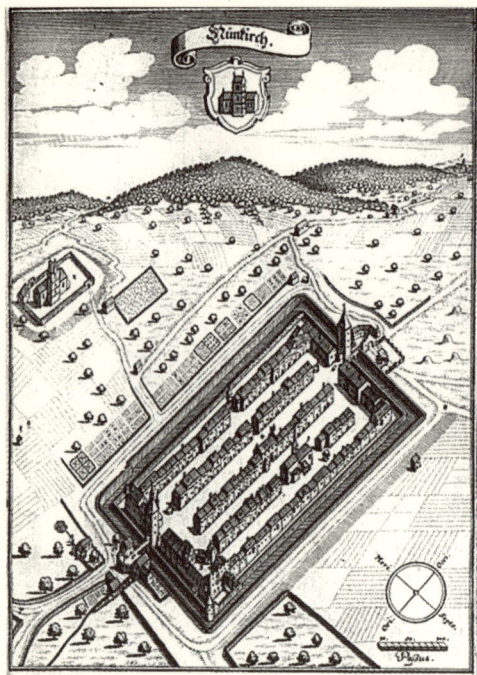

Neunkirch (SH, CH). Unten links, in die Stadtmauer integriert, die ehem. Burg der Bischöfe von Konstanz (aus: M. Merian, Topographia Helvetiae ..., 1642).

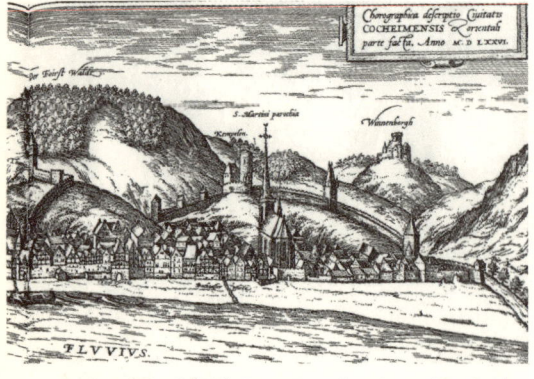

Cochem/Mosel (RP), Burg Kemplon, integriert in den Bering der Stadtbefestigung (Kupferstich aus Braun/Hogenberg 1572ff).

gungen waren viele Stadtburgen verbunden (Neunkirch SH).

Neben eigentlichen Stadtburgen gab es mancherorts Adelsburgen in einer Stadt (Schlitz HE), oft in baulicher Verbindung mit der Stadtmauer (Büdingen HE, Steinernes Haus; Butzbach HE, Solmser Schloß). Zu den Stadtburgen gehören im weitesten Sinne auch städtische Adels-/ Geschlechtertürme (s. Turmburgen).

Burg-Tal-Siedlungen

Die oft befestigten, *Tal* (*Flecken*; *suburbium*) genannten, seit dem 14. Jh. erwähnten, doch wohl meist zu hochmittelalterlichen Ausbauphasen gehörigen Siedlungen waren typologisch und z.T. funktional Vorburgen verwandt; sie besaßen kein Stadtrecht, waren aber mehr als Dörfer. In enger baulicher Kombination mit der Burg gab es sie im Rheinland (Freusburg RP), in der Eifel (Kronenburg; Niedermanderscheid; Reifferscheid; Wildenburg), Hessen (Staufenberg: oberes und unteres Tal) und anderswo. Außer defensiven Vorteilen ergaben sich wirtschaftliche. Wie die meisten Stadtburgen standen Burgen der Burg-Tal-Komplexe meist am Rand, oft überhöht (Blankenheim NRW; Schleiden NRW).

4 Funktionale Typen

Dieses Kapitel fasst Burgen nach wichtigen Funktionen in Gruppen zusammen. Mehr noch als bei der Kategorisierung in achitektonische Typen ergeben sich hierbei schnell Ungenauigkeiten, da bei Burgställen und vielen -ruinen die Primärfunktion heute nicht mehr eindeutig zu bestimmen ist und sich zudem bei vielen Burgen deren Primärfunktion(en) im Laufe ihrer Geschichte geändert haben können.

Pfalzen

Die Pfalz (lat. *palatium*; althochdeutsch *phalanza*) war temporärer Wohnsitz eines Königs oder eines hochrangigen Adeligen mit Räumlichkeiten zur Ausübung von Regierungsgeschäften (z.B. Hoftage), repräsentativen Räumen für den Herrscher, Unterkunftsmöglichkeiten für ein größeres Gefolge, Stallungen sowie einer Kapelle oder Kirche (Aachen NRW; Sinzig RP; Bad Wimpfen BW; Werla NS; Goslar NS). Da im früh-/hochmittelalterlichen Personenverbandsstaat Herrschaft unmittelbar an die Person gebunden war, übten Könige, geistliche und weltliche Große ihre

Herrschaft durch ständige Ortswechsel aus (sog. Reiseherrschaft). Die jeweilige Aufenthaltshäufigkeit des Herrschers ist u.a. an der Anzahl der in der Pfalz ausgestellten Urkunden ablesbar.

Hatten die Herrscher in der Merowingerzeit vornehmlich herausgehobene Höfe für ihre Aufenthalte gewählt, schuf König/Kaiser Karl d. Gr. um/nach 800 ein System von Pfalzen (u.a. Aachen; Frankfurt/M.; Ingelheim; Paderborn; Worms). In Bodman/Bodensee bestand eine 839 urkundlich ersterwähnte Königspfalz (*palatium regium*), die wohl auf alemannisches Herzogsgut zurückging, das 746 an die fränkischen Könige kam. In der 2. H. 9. Jh. verlor sie ihre Bedeutung. Unter König Ludwig *dem Kind* setzte der Besitzverlust ein, da er größere Schenkungen aus dem Pfalzbesitz veranlasste. Der Aufenthalt Konrads I. 912 war der letzte bekannte Königsbesuch in Bodman. Anscheinend seit dem 11. Jh. verfielen die Bauten.

Ab 1152, dem Amtsantritt Friedrichs I. Barbarossa, wurden ältere Pfalzen erneu-

Goslar (NS), Pfalz. Saalbau und Doppelkapelle um 1050, Rekonstruktionsversuch (aus: Hölscher 1927).

ert und mehrere neugebaut: Pfalzen wie
Gelnhausen HE glichen im Bauprogramm nun aufwändigen Burgen. Die
anfangs weitläufigen, teils nur schwä-
cher befestigten Königspfalzen (Werla
NS; Tilleda SA; Goslar NS) erhielten wohl
erst seit dem Bau der Pfalz Gelnhausen
ca. 1170/80 den Charakter prächtiger
Burgen (Kaiserslautern; Kaiserswerth;
Wimpfen; Eger CZ). Die Abgrenzung zwischen Pfalz und Reichsburg ist nicht immer gegeben. Manche Reichsburgen hatten zeitweise einzelne Pfalzfunktionen.

Auch manche Sitze und Burgen von
Herzögen (Braunschweig NS, Dankwar-
derode), Landgrafen, Bischöfen (Köln;
Konstanz) und Äbten (Reichenau/Boden-
see) wurden Pfalz genannt, obwohl diese
Sitze von Personen waren, die keine Reiseherrschaft wie die Könige pflegten.

Residenzen

Mit der Wandlung des mittelalterlichen
Personenverbandsstaates zum frühneuzeitlichen Flächenstaat ging die allmähli-
che Ausprägung der ortsfesten Residenz

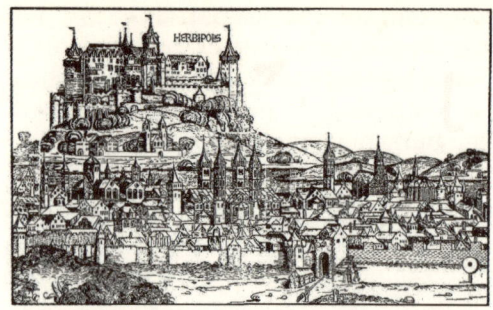

*Würzburg (BY), Stadtansicht mit der Marienburg auf
der gegenüberliegenden Main-Seite. Die Burg war die
Residenz der Würzburger Bischöfe (aus: Hartmann
Schedel, Weltchronik, 1493).*

mit Mittelpunktsfunktionen einher, die
sich jedoch erst im Spätmittelalter ver-
festigte (Stadtburg Rhódos GR für den
Großmeister des Johanniter-Ordens, ab
1309). Wichtigste Elemente der Residenz
waren: Burg, Stadt oder stadtartige Siedlung, Pfarrkirche bzw. (Haus-)Kloster mit
Grablege und Verwaltungsbauten (Marburg HE; Meißen/Elbe; Jülich NRW; Kleve
NRW; Den Haag NL). Gegen Ende des Mittelalters kam es zur Ausbildung mehr
oder weniger fester Residenzen, die dem
ständigen Aufenthalt der Herrscher die-

*Burg Hammerstein/Rhein (RP), im Hochmittelalter eine Reichsburg (aus: Merian, Topographia Archiepiscopa-
tuum Moguntinensis ..., 1646).*

nen konnten (Burg Trausnitz/Landshut BY für Niederbayern; Burg Karlstein CZ für den König von Böhmen).

Reichsburgen

Reichsburgen waren im Auftrag des Reiches angelegte oder vom Reich erworbene Burgen, die von Burgmannen bzw. Reichsministerialen verwaltet und bewohnt wurden (Trifels RP). Eine genaue Abgrenzung zu Pfalzen ist nicht in allen Fällen möglich (Nürnberg BY), so dass sich bei nachweisbaren Königsaufenthalten in der Fachliteratur auch die Bezeichnung „Reichsburg mit Pfalzfunktion" findet. Mancherorts gab es Kombinationen aus Reichsburg und Reichsstadt, die im Laufe der Geschichte in Konkurenz zueinander geraten konnten (Friedberg HE).

Dynastenburgen

Dynastenburgen werden Burgen des dynastischen Adels genannt. Unter Dynasten versteht man Angehörige des in königlichen Diensten stehenden Reichsadels, die es verstanden hatten, zuvor königliche Hoheitsrechte an sich zu ziehen sowie an ihre Familien zu binden und die auf diese Weise die einflussreiche Spitze innerhalb der Adelshierarchie bildeten. Im Hoch- und Spätmittelalter waren Burgen eines der wichtigsten Mittel der Ausdehnung und Sicherung expandierender Territorien, wobei zahlreiche Dynastenburgen sich durch besonders aufwändige, künstlerisch bedeutende Gestaltungen auszeichnen (Wartburg TH:

Nassau/Lahn (RP). Die Dynastenburg Nassau steht auf dem Gipfel, die Burgmannenburg Stein unterhalb (aus: Merian, Topographia Hassiae …, 1646).

romanischer Palas; Nideggen NRW: gotischer Saalbau). In manchen Fällen konnten Dynastenburgen architektur-ikonologische Elemente mit gewissem „Wiedererkennungswert" aufweisen, wie die schräg anlaufenden Wehrgänge und die Butterfasstürme an einigen Burgen der Grafen v. Katzenelnbogen (Marksburg; Reichenberg; Rheinfels).

Mit dem Anwachsen des Burgenbesitzes konnten namengebende Stammburgen großer Dynastien seit der Stauferzeit (1125-1268) ihre Bedeutung verlieren. Zu Bedeutungsverlusten kam es auch infolge territorialpolitischer Schwerpunktverschiebungen im Spätmittelalter. Aus einst bedeutenden Burgen konnten so schlichte, nicht selten baulich vernachlässigte Amtssitze werden (Nürburg RP).

Landesburgen

Als Landes- oder Territorialburgen werden die Burgen der großen Landesherren (Erzbischöfe, Bischöfe, Herzöge, Fürsten, teils auch Landgrafen) bezeichnet, die dem Landesausbau bzw. der Territorialbildung und -sicherung dienten. Funktional konnten sie verschieden genutzt werden: Die Spannbreite reichte von der repräsentativ gestalteten, als Nebenresidenz nutzbaren (Ehrenfels HE) bis zur schlichten Amtsburg, dem Sitz eines Amtmannes oder *Kellners*.

Bischofsburgen

Die Bezeichnung Bischofsburgen besagt lediglich, dass jene Burgen von einem (Erz-)Bischof erbaut oder besessen wurden. Ihre Funktionen waren, wie bei den Landesburgen, sehr verschieden. Sie konnten Residenzen (Eichstätt BY; Koblenz RP, Ehrenbreitstein), Landes- (Welschbillig RP) oder Amtsburgen sein. Im Früh- und Hochmittelalter standen Bischofsburgen öfter in/an Städten. Einige bildeten mit der Kathedrale eine bauliche Einheit (sog. Domburg: Hildesheim NS). Im Spätmittelalter lagen Bischofsburgen öfter außerhalb der Bischofsstadt, u.a. um im Falle bürgerlicher Aufstände mehr Sicherheit zu haben (Pfalzel RP; Marienburg/Würzburg BY). Mehrere bischöfliche Stadtburgen waren gegen die Stadt stark befestigt (kurkölnische Burg Andernach RP, 1519 Bau des gegen die Stadt gerichteten Geschützturmes).

Viele (Erz-)Bischöfe betrieben seit dem Hochmittelalter eine umfängliche Burgenpolitik (Köln; Trier: sog. Balduinsburgen, 14. Jh.).

Ordensburgen

Als Ordensburgen werden die von einem Ritterorden erbauten oder übernommenen und genutzten Burgen bezeichnet. Unter Ordensburgen finden sich alle gängigen funktionalen Typen. Viele Kreuzritterburgen entstanden als Ordensburgen.

Die drei großen geistlichen Ritterorden waren der Johanniter-Orden, die Templer und der Deutsche Orden. Mit dem Begriff Ordensburg wurden jedoch in der Literatur oft nur die Burgen des Deutschen Ordens in Preußen bzw. Polen assoziiert, die als ausgeprägten Bautypen zu den eindrucksvollsten spätmittelalterlichen Burgen gehörten, doch schuf auch der Johanniter-Orden mit seinen Burgen und Befestigungen im ägäischen

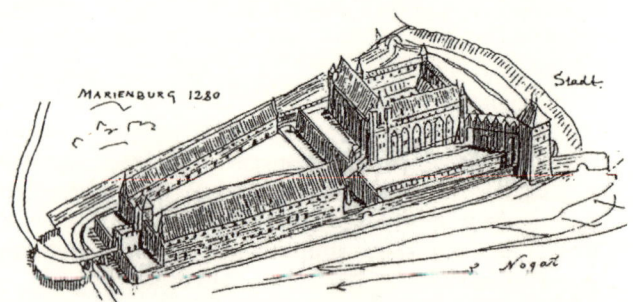

Marienburg (PL), Deutschordensburg, Rekonstruktionsversuch des Zustandes um 1280 (aus: Steinbrecht 1888).

Ordensstaat (1307-1522) bedeutende, innovative und im Hinblick auf die Verteidigungsfähigkeit gegen Feuerwaffen richtungsweisende Bauten. Während jedoch der Johanniter-Orden keinen sofort als solchen erkennbaren Burgentypus ausbildete und lediglich die doppelten,

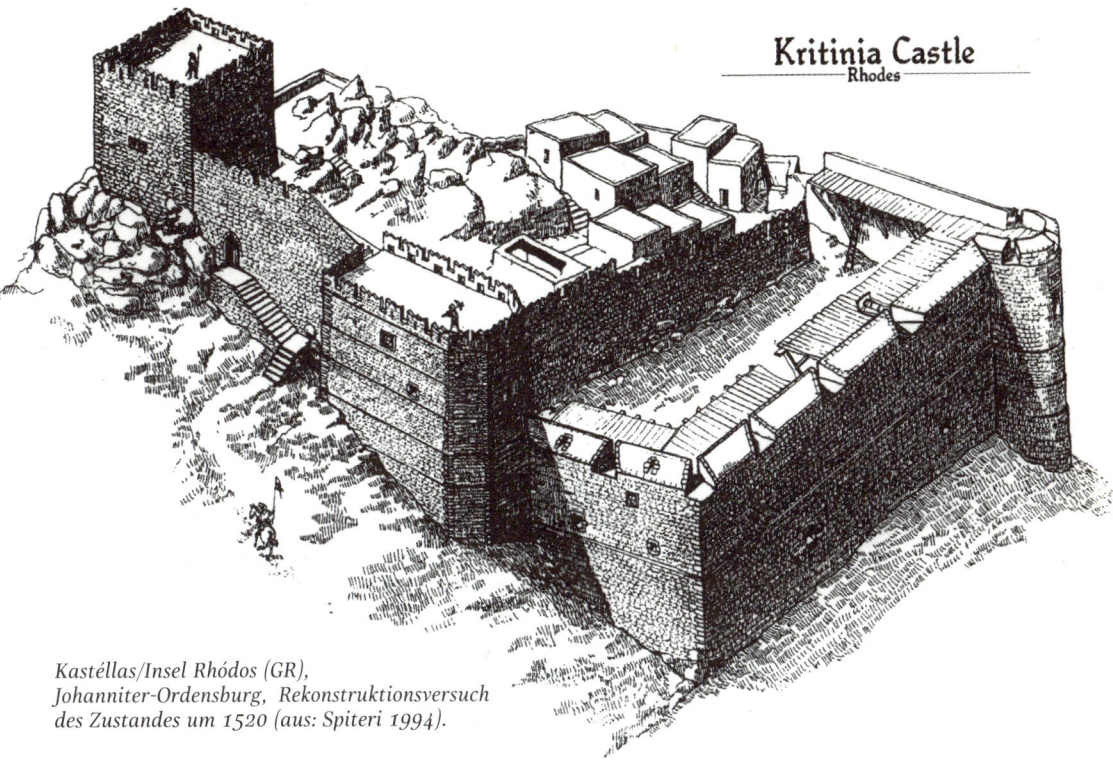

Kritinia Castle
— Rhodes —

Kastéllas/Insel Rhódos (GR),
Johanniter-Ordensburg, Rekonstruktionsversuch
des Zustandes um 1520 (aus: Spiteri 1994).

teils sogar mehrfach gekerbten Schwalbenschwanzzinnen ein architektur-ikonologisches Element mit Wiedererkennungswert darstellten (Chálki GR), schuf der Deutsche Orden eigene Burgentypen, die durch Wesen und Inhalte des Ordens bestimmt waren. Dieser verband mönchische und ritterliche Lebensformen, d.h., klösterliche Bauaufgaben wie das Dormitorium, der gemeinsame Schlafsaal, und die Firmarie wurden mit Burgelementen verbunden. In den Hauptburgen größerer Burgen fanden sich Dormitorium, Remter und Kirche/Kapelle, in der Vorburg Wirtschaftsbauten, Werkstätten, die Brauerei, *Karwan* (Zeughaus),

Marstall und Gesindewohnungen. Viele große Deutschordensburgen in Preußen waren aus Backstein erbaute Vierflügelanlagen mit Elementen von Kastellburgen; idealtypisch ist die Hochmeisterburg Marienburg/Nogat PL. Kleinere Burgen reduzierten den Typus und weisen einfachere Bauschemata auf (Gollub PL). Außerhalb des eigentlichen Herrschaftsgebietes im heutigen Polen baute der Orden keine Burgen der beschriebenen Art.

Die Bezeichnung Ordensburg wurde von den Nationalsozialisten für ihre (SS-) Eliteschulen übernommen (Crössinsee; Sonthofen/Allgäu; Vogelsang/Eifel).

Amtsburgen

Als Amtsburgen werden jene Landesburgen bezeichnet, die von einem Amtmann im Auftrag des Landes- bzw. Territorialherrn verwaltet und bewohnt wurden. Im Spätmittelalter und besonders in der Frühen Neuzeit wandten die Landesherren bisweilen nur noch wenig Geld zum Unterhalt solcher Burgen auf, die vielerorts zunehmend verfielen (Nürburg RP, kurkölnische Amtsburg, ab 16. Jh.). Manche Amtmänner verlegten daraufhin ihre Amtssitze in nahegelegene Städte.

Ganerbenburgen

Nicht alle (Adels-)Burgen waren nur von einer Familie bewohnt: Die Bezeichnung Ganerbenburg leitet sich vom althochdeutschen Wort *gan* (gemein[sam]) ab. Ganerbenburgen waren primär ein spätmittelalterlich-frühneuzeitliches Phänomen (Hanstein TH; Salzburg BY), wenn auch schon im Hochmittelalter Burgen geteilt wurden. Oft führte Erb-

folge zur Besitzteilung innerhalb einer Familie (Eltz RP), die Aufteilung einer Burg unter mehrere Besitzer (Langenstein BW: Obere und Niedere Veste) oder der Teilverkauf einer Burg (Friedingen BW) zur Ausbildung einer Ganerbenburg. Auch Burgen im gemeinsamen Besitz adeliger Interessensgruppen wurden als Ganerbenburgen bezeichnet. Häufig gelang es aufstrebenden Territorialherren, Burgteile an sich zu bringen oder mehrere große Herren eroberten eine Burg und teilten sie anschließend untereinander auf (Thurant RP, von den Erzbischöfen von Köln und Trier erobert, anschließend von Burgmannen verwaltet). Burgfriedensverträge regelten das Zusammenleben in solchen Burgen, die in Ausnahmefällen unter mehr als 50 Eigner aufgeteilt waren (Lindheim HE, 1391: 17 Familien, 15. Jh.: bis zu 56 Ganerben; Staden HE, 15. Jh.: 19 Ganerben).

Die verschiedenen Besitzbereiche der Anteilseigner (*Gemeiner*) sind oft nicht mehr architektonisch nachvollziehbar, sondern nur über Verträge zu erschließen, die besagen, welche Bauteile innerhalb der Ganerbenburg gemeinsam und welche „privat" waren (Schwarzburg TH). Auf Burg Ortenberg HE standen Tore, Wege, Brunnen, Kapelle und *Schlossturm* allen, die übrigen Gebäude, Plätze, *Bollwerke*, Brücken waren aufgeteilt. Einzelne Teile einer Ganerbenburg konnten teils deutlich gegeneinander abgegrenzt und separat befestigt sein („Burg in der Burg"), d.h., jeder Bereich war mit eigenem Wohnturm oder eigener Bautengruppe Wohnbau/Bergfried/Ringmauer versehen (Salzburg BY; Schönburg RP).

Ganerbenburg Münzenberg/Wetterau (HE) mit zwei Bergfrieden und zwei Wohnbauten (aus: Merian, Topographia Hassiae ..., 1646).

Einige Ganerbenburgen hatten, alleine oder als bauliche Einheit mit der Burgsiedlung, stadtartigen Charakter, wie im Spätmittelalter in der hessischen Wetterau (Friedberg; Lindheim).

Verschiedentlich bildeten Burgen eine bauliche Einheit mit den ihnen angegliederten Burgmannensitzen, wobei jene „reihenhausartige" Einheiten bilden (Gräfenstein RP, romanisch) oder voneinander separiert sein konnten (Kasselburg RP).

Zollburgen

Rüdesheim (HE), Burg Ehrenfels, Ehrenfelser Zoll und Zollturm „Mäuseturm" auf einer Rhein-Insel bei Bingen (Kupferstich aus: Merian, Topographia Archiepiscopatuum Moguntinensis ..., 1646).

Kaub (RP), Burg Pfalzgrafenstein (Kupferstich aus: Merian, Topographia Palatinatus Rheni, 1645).

Zollburgen werden nach ihrer vorrangigen Aufgabe, der Sicherung einer Zollstelle, so genannt. Viele Burgen im Mittelrheintal, einer wichtigen Handelsroute, waren primär (Martinsburg/Lahnstein RP; Bacharach RP, sog. Zollbastion) oder u.a. (Ehrenfels HE) Zollburgen. Auch Hafenburgen gehörten vielfach zu den Zollburgen. In einigen Fällen dienten lediglich Türme als Zollbauten: Der Name Mäuseturm für den Zollturm auf einer Rheininsel bei Bingen RP dürfte eine Verballhornung der Bezeichnung Mautturm darstellen. Aus einem anderen Zollturm im Rhein wurde durch Zubauten die Burg Pfalzgrafenstein (*Pfalz*) bei Kaub RP (ab 1326/27).

Eine der prägnantesten, durch Burgen und Befestigungen geschützten Zollstellen war der Übergang vom Binger Loch in das enge Mittelrheintal. Hier verfügten die Mainzer Erzbischöfe mit den Burgen Ehrenfels HE und Klopp RP sowie dem Mäuseturm auf einer Rhein-Insel über eine Art von Flusssperre.

Garnisonsburgen

Garnisonsburgen sind Burgen, die primär militärischen Einheiten mit fest umrissenen Aufgaben als Stützpunkte dienten (Bellinzona CH). Solche Burgen standen häufiger in Grenznähe und in gefährdeten Regionen, etwa Okkupationsburgen, die in umstrittenen oder umkämpften Gebieten – mancherorts als Brückenköpfe (Burg St. Peter/Bodrum TR) – erbaut wurden.

Viele der stark befestigten, großflächigen Kreuzritterburgen im „Heiligen Land" mit ihren großen Besatzungen waren Garnisonsburgen (Johanniterburg

Krak des Chevaliers (Syrien). Im Detail unrichtiger Rekonstruktionsversuch der Garnisonsburg des Johanniter-Ritterordens (aus: Rey 1871).

Krak des Chevaliers SYR), ebenso die meisten der Deutschordensburgen in Preußen und viele Burgen im ägäischen Johanniter-Ordensstaat 1307-1522 (Kós/Insel Kós GR; Insel Léros GR). Reminiszenzen an Garnisonsburgen bieten mehrere Küstenforts des Johanniter-/Malteser-Ordens in Malta (17. Jh.), die Magazine und Soldatenunterkünfte enthalten und äußerlich als quadratische Baukörper mit Ecktürmen den Kastelltyp tradieren (It-Torri ta'Santa Marija/Insel Comino M).

Sperrburgen

Sperrburgen standen an einem Verkehrsweg (Straße, Pass, Fluss), an einem Flussübergang (Furt: Wall auf dem Keller BW; Brücke: Runkel HE) oder einer Ha-

fenzufahrt. Manche gingen aus einzelnen Wachttürmen hervor. Auch Meerengen konnten durch Burgen gesichert sein, so am Bosporus TR durch Anadolu Hisar und Rumeli Hisar (1452, mit Geschützen ausgestattet). Seit dem Spätmittelalter war die Sperrung von Wasserläufen Thema von Traktaten (Mariano Taccola: De Rebus Militaribus, 1449). Auch Täler konnten durch Burgen-/Befestigungssysteme gesichert sein (Bellinzona CH).

Befestigungen an Hafenzufahrten gab es schon in der Antike. Mittelalterliche Hafensperrburgen stehen in vielen Mittelmeer-Häfen (Kós/Insel Kós GR; Izmir [ehemals Smyrna] TR; St Angelo [*castrum maris*]/Birgu M). Vereinzelt gab es bei Hafenburgen/befestigungen Sperrketten an der Hafenzufahrt (Naillac-Turm/Rhódos GR: hier mussten einfahrende Schiffe die Kettensteuer entrichten; St Angelo/Birgu M).

Gegenburgen, Trutzburgen, Belagerungsburgen

Gegenburgen und **Trutzburgen** wurden primär zur Isolation, weniger zur direkten Bekämpfung einer gegnerischen Burg erbaut. Sie unterschieden sich durch ihre architektonische Ausgestaltung (Ramstein gegen Ortenburg/Elsaß F, 1293; Schadeck gegen Runkel HE; Trutzeltz gegen Eltz RP, 1331/36) von bloßen Blidenstellungen. Mehrfach ließen osmanische Sultane Burgen zur Vorbereitung oder Unterstützung einer Belagerung anlegen, um die Zufahrtswege zu blockieren, wie Rumeli Hisari/Bosporus TR 1452 unter Sultan Mehmet II. vor der Belagerung der byzantinischen Hauptstadt Konstantinopel. Und 1522 entstand gegenüber der von den Türken im selben Jahr belagerten Insel Rhódos GR die Burg Marmaris TR.

Belagerungsburgen wurden zur Unterstützung der Belagerung einer Burg angelegt. Sie konnten Angreifern als gesicherte Rückzugsposition, als befestigte Angriffsstellungen (z.B. für Bliden/Wurfmaschinen) oder zur Sperrung der Nachschubwege gegnerischer Burgen dienen. Je nach Topographie, Zeitaufwand und eingesetzten Belagerungswaffen konnten Belagerungsburgen sehr unterschiedlich ausgebildet sein. Schlichte mittelalterliche Belagerungsschanzen aus Erde blieben meist nicht erhalten (Hohenkrähen BW, 1512), während von frühneuzeitlichen Belagerungsschanzen teils umfängliche Reste blieben (Hohentwiel BW, 1640er Jahre).

Burgställe

Als Burgstall wird in spätmittelalterlichen und frühneuzeitlichen Schriftquellen und in der burgenkundlichen Fachsprache der ehemalige Standort einer Burg bezeichnet; das Wort bedeutet also „Burgstelle". Insbesondere in Süd-/Südwestdeutschland ist der Begriff weit verbreitet. Als regionale Abwandlung findet sich die Bezeichnung *Burstel* im Bodenseegebiet (Mammern TG; Seelfingen BW). Oft war ein Burgstall nach dem Verfall der Burggebäude für den Besitzer noch von Interesse, weil Einkünfte, Rechte und Privilegien an den einstigen Burgstandort gebunden blieben (Gebsenstein BW, 1683 im Zusammenhang mit Jagdrechten). Oft ist die Benennung Burgstall als Flurname heute der letzte Hinweis auf eine abgegangene Burg.

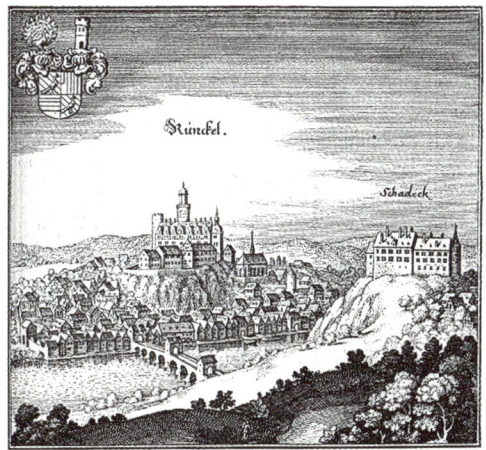

Burg Schadeck (RP), Trutzburg gegen die auf der anderen Lahnseite stehenden Burg Runkel (Kupferstich aus: Merian, Topographia Hassiae ..., 2/1655).

IV Bauelemente mittelalterlicher Burgen

1 Bauten und Anlagen zum Schutz und zur Verteidigung – Wehrelemente zwischen Funktionalität und Symbolhaftigkeit

Grüningen (CH), Burg und Stadt. Die von der Stadt durch einen Halsgraben getrennte Frontturmburg zeigt das spätmittelalterliche Erscheinungsbild mit hölzernen Hurden bzw. Wehrgängen und Streichwehren; an den Zinnen des Bergfrieds befinden sich hölzerne Klappläden zum Schutz der Verteidiger (aus: Merian, Topographia Helvetiae ..., 1642).

Schutzanlagen außerhalb der Ringmauer (Gebück; Wall und Graben; Palisaden)

Das **Gebück** war ein Hindernis aus ineinander verflochtenen Hecken, das als Annäherungshindernis vor der Wehrmauer oder zusammen mit einem (Wall-)Graben als einzige Befestigung angelegt

war (Landwehr: Rheingauer Gebück HE). *Haingräben* waren nicht nur Elemente von Landwehren, sondern als Bestandteile von Ortsbefestigungen im Spätmittelalter und wohl noch in der Frühen Neuzeit geläufig, u.a. in der Wetterau HE.

Wall und **Graben** gehören zu den frühesten bekannten Befestigungsformen.

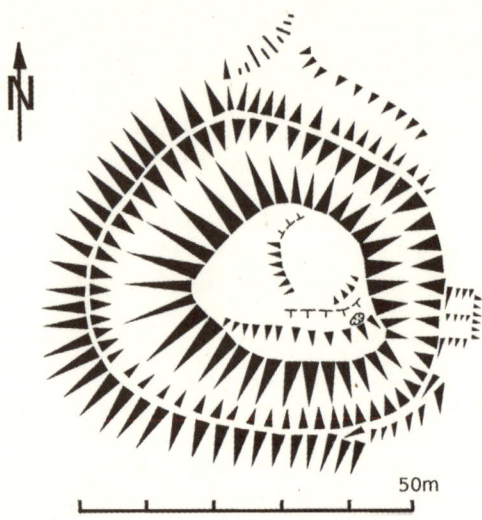

50m

Höllwangen (Überlingen, BW), Burgstall an der Winterhalde, Hauptburghügel mit Ringgraben, Grundriss (Aufnahme: Uwe Frank; Zeichnung: Ralf Schrage).

Gräben, künstliche Erd- oder Felseinschnitte, die als Annäherungshindernis eine Befestigung ganz oder z.T. umgaben, gab es bereits in der Jungsteinzeit. Während in der Römerzeit teils Spitzgräben ohne Lauffläche vorkamen, weisen mittelalterliche Burgen und Wehrbauten meist Sohlgräben auf. Je nach

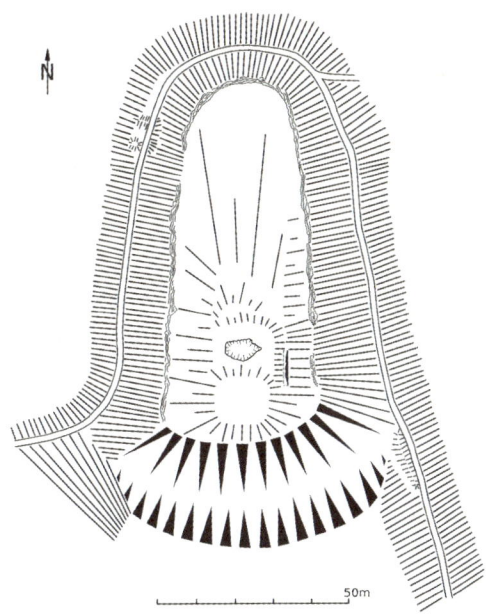

Landstuhl (RP), Burg Nanstein. Vor dem Bering der Burg verläuft stadtseitig eine Palisade (Kupferstich aus: Merian, Topographia Palatinus Rheni et Vicinarum Regionum, 1645).

Hohenbodman (BW), Burg Kilsenberg, Grundriss; ein Halsgraben sicherte die Spornburg (Aufnahme: U. Frank, 2008; Zeichnung: R. Schrage).

Form und Lage des Grabens unterscheidet man umlaufende Ringgräben und Halsgäben, die Sporn- oder Abschnittsbefestigungen auf den Zugangsseiten schützten. Meist war der Graben verbunden mit einem **Wall**, den man im Idealfall aus dem Grabenaushub aufschütten konnte. Auf der Wallkrone mit Schutz- (Gebück) oder Verteidigungsanlagen (Brustwehr, Palisade, Mauer) versehen Erdwälle konnten die gesamte Burg/Befestigung umgeben oder lediglich Teile sichern. Bis in das Spätmittelalter und erneut in der Frühen Neuzeit wurden Wall-Graben-Befestigungen errichtet; sie waren teils Mauern zusätzlich vorgelegt.

Aus Holzplanken oder -stämmen bestehende **Palisaden** konnten statt eines Walles oder einer Mauer oder zusätzlich zu dieser die Burg/Befestigung sichern. Aufwändigere Palisaden waren manchmal mit Schießscharten versehen.

Schutz- und Wehrmauern (Ringmauern, Schildmauern, Zwingermauern)

Wichtige Elemente der Burgbefestigung waren die Ringmauer bzw. Wehrmauern. Mauern hatten im Wehrbau sowohl passive (Schutz) als auch aktive Funktionen (Verteidigung). Mittelalterliche Burgmauern waren meist Zweischalenmauern; zwischen äußerer und innerer Mauerschale lag Füllmauerwerk aus Bruchstein und Mörtel. Spätestens seit den Kreuzzügen setzte sich der Talus, der geböschte Mauerfuß vereinzelt in Europa durch (Nürburg RP). Ab dem Spätmittelalter standen öfter Flankierungstürme im Mauerverlauf. Als **Kurtine** (franz.

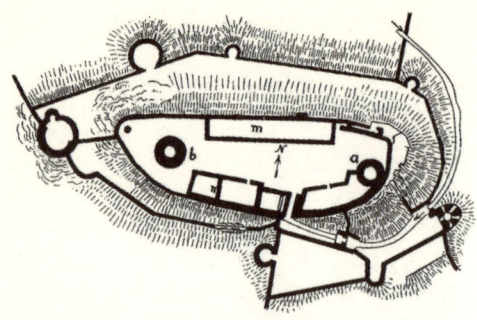

Münzenberg (HE), Burg Münzenberg, die Ringmauer ist umgeben von spätmittelalterlichen Zwingeranlagen, Grundriss (aus: Piper 3/1912).

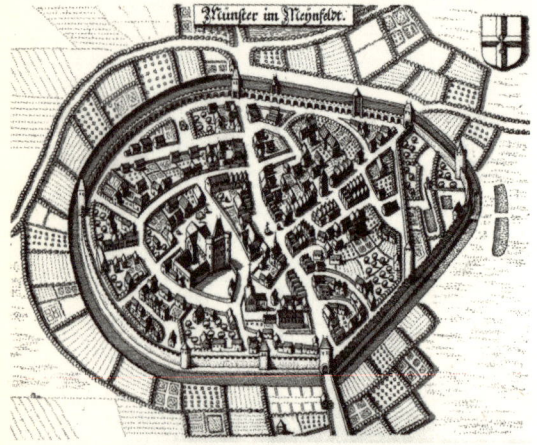

Münstermaifeld (RP), die turmbesetzte Stadtmauer umgibt die Stadt, ihre Innenseite zeigt rundbogige Nischen, über den Rundbögen verläuft der Wehrgang (Kupferstich aus: Merian, Topographia Archiepiscopatuum Moguntinensis, Trevirensis et Coloniensis ..., 1646)

Bogenschütze auf einem Wehrgang mit überkragenden hölzernen Hurden (aus: Piper 3/1912)

keine die Burg vollständig umgebende Mauer besitzen, sondern deren **Bering** sich aus Wehrmauerabschnitten und dazwischen stehenden Gebäuden bzw. nur aus Gebäuden (Hausrandburg) zusammengesetzt sind. Auf Ring- und Wehrmauern verlief i.d.R. ein **Wehrgang** mit einer Brustwehr für die Verteidiger. Der Wehrgang diente als Aktionsraum der Verteidiger und Gang für Wachtposten. In Mitteleuropa waren Wehrgänge meist mit Dächern gedeckt. Als **Brustwehr** bezeichnet man eine Mauer, Palisade oder einen Wall als Deckung der Verteidiger auf einem verteidigungsfähigen Bauwerk. Die Verteidigung erfolgte über die Oberkante der Brustwehr hinweg, durch Zinnenlücken oder Schießscharten in der Brustwehr durch diese hindurch. Brustwehren gehörten im Hochmittelalter zu den genehmigungspflichtigen Bauteilen, die aus einem Gebäude eine Burg machen konnten (vgl. Rechtsbücher, z.B. Sachsenspiegel).

Eine besonders starke, markante und repräsentative Form der Wehrmauern stellten die **Schildmauern** dar. Diese wurden im Kontext spätmittelalterlichen Burgenbaues vorgestellt, so dass hier auf Kapitel II 4 verwiesen sei.

courtine: Vorhang) bezeichnet man das zwischen zwei Türmen, Rondellen oder Bastionen stehende Teilstück einer Mauer bzw. eines Walles.

Der Begriff **Ringmauer** wird undifferenziert auch für Burgen genutzt, die

Landshut (BY), Burg Trausnitz, hölzerner Wehrgang, Schnitt (aus: Piper 3/1912)

Wie Bergfriede und Wohntürme waren Ring- und Schildmauern im späten 12./13. Jh. durch besonders markantes Mauerwerk geprägt: Insbesondere ist hier das seit der Stauferzeit gängige **Buckelquadermauerwerk** zu nennen. Buckelquader sind Quader, deren Stirnseite durch eine buckel- oder kissenartige Bosse (daher auch Bossenquader) gekennzeichnet sind. Besonders markant wirken diese Bossen, wenn sie durch einen Randschlag gerahmt sind. Die zuerst für die Zeit um 1150 nachweisbaren Buckelquader könnten durch die Kenntnis antiker hellenistischer Wehrbauten über die Kreuzzüge vermittelt worden sein, gab es doch bereits im 4. Jh. v. Chr. als Pýrgos bezeichnete, mittelalterlichen Adelsburgen ver-

Burg Mammertshofen/Thurgau (CH), hochmittelalterliches Wackenmauerwerk (aus: Piper 3/1912).

Burg Krumbach (SIG), hochmittelalterliches Buckelquadermauerwerk (aus: Kraus 1887).

Burg Mägdeberg (BW) mit großem Zwinger, durch den der Torweg führt, Rekonstruktion des Zustandes um 1550 von Eberhard Dobler (aus: Dobler 1959)

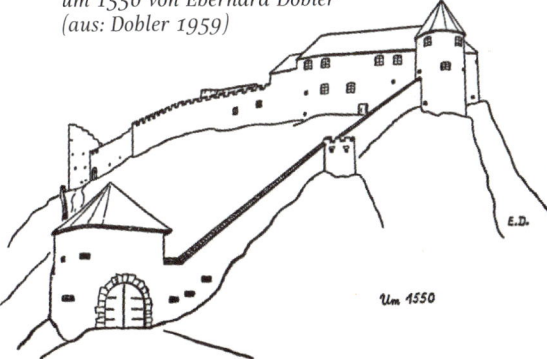

gleichbare Befestigungen, die aus einem Wohn-/Wehrturm und einer Ringmauer bestanden, die beide isodomes Mauerwerk aufwiesen, die Buckel- und Kissenquadern glichen. Manche Burgen des Bodenseegebietes und der Schweiz zeigen **Wacken- bzw. Megalithmauerwerk**, das aus riesigen Flusskieseln, oft in Kombination mit Buckelquadern, bestehen (CH, TG: Frauenfeld; Liebenfels; Mammertshofen).

Ab dem 14. Jh. entstanden vielerorts der Ringmauer ganz oder z.T. vorgelagerte **Zwingermauern**; den Raum zwischen ihnen und der Ringmauer nennt man Zwinger (*Zingel*). In Zwingermauern standen oft feldseitig flankierend ausspringende Türme. Bei Wegführungen ins Innere der Burg, die durch einen turmbesetzten Zwinger führten, kam diesem eine wichtige Rolle im Kontext der Inszenierung der Architektur zu.

Pfullendorf (BW), Stadtbefestigung, Torturm mit Vortor (aus: Kraus 1887).

Torbauten (inkl. Torzwinger, Barbakane, Fallgitter, Zug- und Klappbrücken)

Als Durchlass in der Wehrmauer war das Tor eine Schwachstelle jeder Befestigung. Je größer der Anspruch an die Wehrhaftigkeit, desto stärker musste es befestigt sein (Zinnen, Schießscharten, Wehrerker, Hurden). Doch auch Repräsentationswille führte zum Bau aufwändiger Tore.

Monschau (NRW), Burg, Doppelturmtor, Feldseite, Zeichnung von Ernst Stahl (nach Kopie im Archiv der Deutschen Burgenvereinigung).

Die einfachste Form war das **Mauertor**, das nur durch den darüber verlaufenden Wehrgang oder einen hölzernen Überbau (Erker) gesichert war. Bei frühmittelalterlichen Burgen legte man das Tor teils zwischen 2 überlappende Mauerenden und konnte so Angreifer frontal und seitlich unter Beschuss nehmen; bei Zangentoren konnte man Angreifer von 3 Seiten bekämpfen. Seit dem Hochmittelalter wurden Tore öfter mit einem **Torhaus/-turm** überbaut, der jedoch keine flankierende Verteidigung ermöglichte. Erst ab dem 13. Jh. kam es zu aufwändigeren Torsicherungen und -typen.

Das **Doppelturmtor** ist ein feldseitig von 2 Türmen flankiertes Tor, in der einfachsten Form ein turmflankiertes Mauertor. Die aufwändigste Form verkörpert eine Dreiturmgruppe, aus dem im Grundriss rechteckigen oder quadratischen Torturm und 2 flankierenden, meist gerundeten Türmen zusammensetzt. Teils sind die Flankierungstürme als Schalentürme ausgebildet

(Ahrweiler RP, Stadtbefestigung, 2. H. 13. Jh.). Selten war einer der Türme gerundet und der andere rechteckig. Die 3-teilige Form kam als Burg- und Stadttor ab dem 13. Jh. öfter vor; verbreitet war sie im Rheinland und in der Eifel (Burgen: Bürresheim, um 1330; Heimbach; Monschau; Münstereifel; Satzvey; Stadtbefestigungen: Nideggen; Reifferscheid). Wahrscheinlich wurde das Motiv über Französische Kastellburgen bzw. die Kreuzzüge nach Westdeutschland vermittelt, doch gab es solche Torbauten schon an spätrömischen Befestigungen (Trier, Porta Nigra, um 180 n. Chr.). Doppelturmtore waren im Spätmit-

Rhódos/Insel Rhódos (GR), Stadtbefestigung, Torzwinger am Hafen (aus: Spiteri 1994).

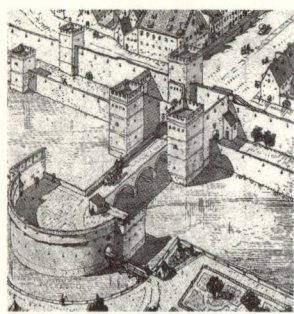

München (BY), Stadtbefesti-
gung, Neuhauser Tor (Karlstor)
mit Barbakane (aus: Steinlein
1920).

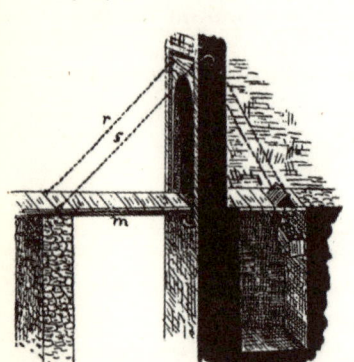

Burg Dornsberg,
Vintschgau (I),
Zugbrücke (aus:
Piper 3/1912).

Trostburg/Südtirol (I), Tor mit
Fallgatter (aus: Piper 3/1912).

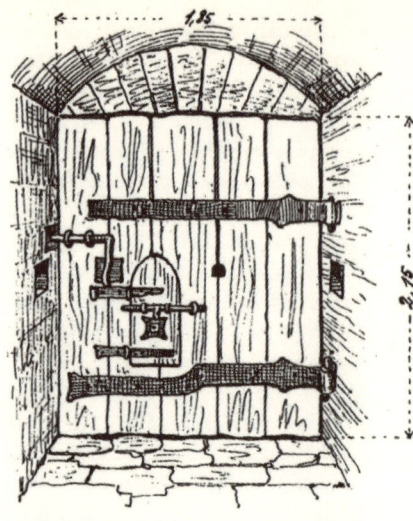

Burg Bäreneck (A), Tor mit Riegelbal-
kenlöchern; der Riegelbalken stabilisier-
te die Türflügel bei Rammversuchen
(aus: Piper 3/1912).

telalter repräsentative herrschaftliche Elemente; sie stehen auf Siegeln (Großes Stadtsiegel Wittlich/Eifel, 1333), Münzen, Wappen und in Buchmalereien als Abbreviatur zeichenhaft für Städte und Burgen. Die mittelalterliche Stadtbefestigung von Köln, eine der großartigsten in Deutschland, besaß mehrere Doppelturmtore. Mancherorts in Europa gibt es Doppelturmtore (Frankreich; Rhódos GR, Stadtbefestigung und Großmeisterburg). Durch Zubauten von Türmen/Tourellen wurden manche Tore im Nachhinein Doppelturmtore (Marburg HE, Kalbstor, wohl 14. Jh.).

Oft ist an Bauten des 14. Jh. zu beobachten, dass statt Türmen nur noch Tourellen das Tor flankieren (Reifferscheid NRW, Matthiastor).

Es gab als Wohntürme genutzt Doppelturmtore an mehreren Burgen in der Eifel (Welschbillig, M. 13. Jh., Wohnung des Trierer Erzbischofs; Mürlenbach, E. 13. Jh., Wohnung der Äbte von Prüm, ca. 30 m hoch, 14 Wohnräume, Kapelle, Schießscharten; Kasselburg, 7-stöckig).

Noch in nachmittelalterlicher Zeit wurden Doppelturmtore erbaut (Abtei Kornelimünster NRW, mit Vortor).

Manche spätmittelalterlichen Torbauten erhielten zur Sicherung einen separaten **Torzwinger** vorgelegt. Solche Zwinger werden oft ungenau Barbakane genannt. Doch ist die **Barbakane** eine wohl aus dem Orient eingeführte Form selbständiger Außenwerke, bei denen der Zugang an der Mauer entlang und dann abzweigend zum Tor führte, um so Angreifer von der Wehrmauer aus längs und dann vom Tor her bekämpfen zu können. Sie ist also eine dem Tor als besonders angriffgefährdetem Bereich vorgelegte, von Tor und Ringmauer teils oder ganz separierte Wehranlage (Vortor), meist jenseits von Zwinger und Graben (Schweinsberg HE, um 1500; Krakau PL). Im englischen Sprachgebrauch steht *barbican* auch für Torzwinger, die mit der Hauptumwallung im Verband stehen oder allgemein für ein befestigtes äußeres Torhaus.

Torsicherungen: Über dem Portal des Burg-/Stadttores konnten Wehrerker oder Maschikuli zur Verteidigung angebracht sein. Auch hölzerne, über die Mauerflucht auskragende Hurden konnten diesen Zweck erfüllen. Die Torflügel bestanden aus starken, an der Außenseite oft eisenbeschlagenen Bohlen. Sog. **Gusslöcher**, Öffnungen im Scheitel des Torgewölbes, hatten meist eher die Funktion von Kommunikationsöffnungen, da durch solch kleine Öffnungen keine effektive Bekämpfung eingedrungener Angreifer möglich war.

Brücken waren notwendig, um den Zugang über den Burggraben hinweg zu ermöglichen. Da Brücken aber Angriffe auf das Tor erleichterten, versuchte man, den Weg über diese durch **Zug-, Klapp- und Wippbrücken** zu unterbrechen. Seit dem 13. Jh. fanden sich an deutschen Burgen Zugbrücken, bei denen das unmittelbar vor dem Burgtor gelegene Teilstück der Brücke mit Zugketten oder Wippen aufgezogen werden konnte und so dem Tor zusätzlich Schutz bot. Bei aufwändigeren Zugbrücken wurde das aufgezogene hölzerne Stück der Brücke in eine den Tordurchgang rahmende Blende eingezogen.

Flankierende Elemente, Außenwerke und Vorwerke

Türme

Während **Ringmauern** bis weit ins 13. Jh. hinein nur mit einem Wehrgang hinter Zinnen ausgestattet waren, wurden ab dem späteren 13. Jh. zunehmend **Flankierungstürme** in Ringmauern gesetzt, die im Idealfall eine flankierende Verteidigung der Mauer ermöglichten. Ab 14. Jh. wurden häufig Zwinger vor die Ringmauer gelegt, d.h. es gab eine äußere Mauer vor der eigentlichen Ringmauer; damit waren für Angreifer 2 Mauern zu überwinden (besonders eindrucksvoll: Nürburg/Eifel mit hohen Mauern und Rund-

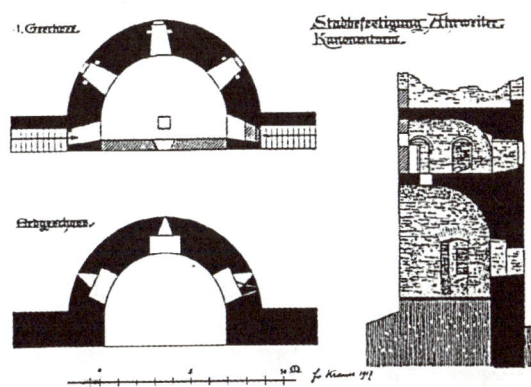

Ahrweiler (RP), Kanonenturm, ein Schalenturm der Stadtbefestigung, Grundriss und Schnitt (aus: Gerhardt et al. 1938).

Beilstein/Mosel (RP), Burg Metternich mit zahlreichen Flankierungstürmen (Kupferstich aus: Merian, Topographia Archiepiscopatuum Moguntinensis ..., 1646).

türmen). Ab der 2. H. 13. Jh. waren solche Wehrtürme zunehmend mit schmalen Schlitzscharten für den Einsatz von Bogen und Armbrust ausgestattet. Mit der Verbreitung der Feuerwaffen im 15. Jh. änderten sich zuerst die Schießschartenformen und dann die Struktur der Türme. Diese waren urspr. oft ½- bis ¾-runde, nach innen offene **Schalentürme**, um Material und Kosten zu sparen – und um zu verhindern, dass Feinde, die einen Turm erobert hatten, von diesem aus gegen die Verteidiger operieren konnten. Seit dem Spätmittelalter entwickelten sich die Türme zu niedrigeren, kompakten Rondellen für den Geschützkampf mit starken Mauern und größeren Feuerwaffenscharten. Mancherorts wurden ältere Flankierungstürme der Nutzung von Feuerwaffen an-

gepasst, etwa Schlitzscharten zu Feuerwaffenscharten umgestaltet (Stadtbefestigungen: Konstanz BW; Schaffhausen CH).

Noch in der neueren burgenkundlichen Literatur findet sich oft die synonyme Verwendung der Begriffe Geschützturm, Rondell, Batterieturm und sogar Bastion, doch sind diese in der burgen-/festungskundlichen Fachsprache verschieden zu definieren: **Geschütztürme** sind demnach zur Verteidigung mit größeren Feuerwaffen ausgestattete Bauwerke, deren Höhe i.d.R. größer ist als ihr Durchmesser und die, so sie im Zuge einer Wehrmauer stehen, die Kurtinen um mindestens ein Geschoss überragen. Ist das Bauwerk gleich hoch wie oder nur unwesentlich höher als die Kurtine, so ist es ein Rondell. Ist der Turm nur zur Verteidigung mit leichteren Handfeuerwaffen eingerichtet, so ist er ein **Feuerwaffenturm**. Die Bezeichnung Geschützturm bezieht sich auf die primäre, nicht die einzige Verteidigungsmöglichkeit solcher Türme. Die meisten Geschütztürme kamen als flankierende, meist gerundete Türme an Burgen und Stadtbefestigungen im Spätmittelalter und in der Frühen Neuzeit vor. Geschütztürme wiesen gegenüber Flankierungs- und Feuerwaffentürmen größere Durchmesser und Mauerstärken auf.

Rondelle, „Basteien", „Bollwerke"

Etwa um 1500 wurden statt der Geschütztürme zunehmend niedrigere, meist gerundete oder zungenförmige **Rondelle** – seltener polygonale Werke – zur Aufstellung von Geschützen erbaut. Gegenüber Geschütztürmen hatten sie größere Mauerstärken und ein gedrungeneres Erscheinungsbild. Um weniger Angriffsfläche zu bieten, ragten sie nicht oder wenig über die Mauerkrone hinaus. Sie konnten bis zu 30 m Ø und zu 9 m Mauerstärke aufweisen und waren vereinzelt mit bis zu 20 Geschützen bestückt. Die größeren Durchmesser hatten ihren Grund in größeren Bestückungen und besserer Handhabung der Geschütze, die, meist Vorderlader, zum Laden aus der Schießkammer zurückgezogen wurden. Geschützstände lagen bei erhöhter Mauerstärke als Geschützkammern innerhalb der Mauern. Problematisch war die ungenügende Entlüftung, die oft über Rauchabzugsschächte erfolgte, deren Öffnungen teils an den Au-

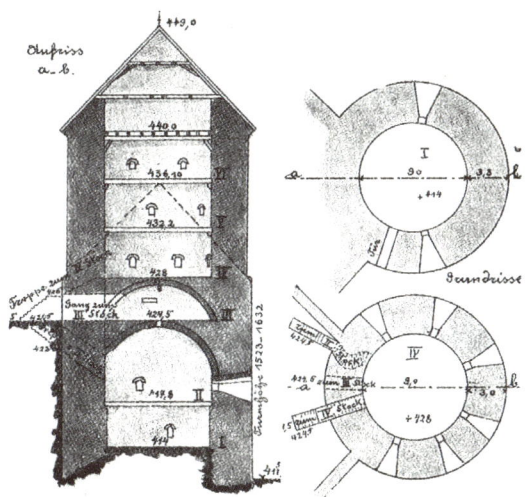

Überlingen (BW), Stadtbefestigung, Turm St. Johann, der um 1632 durch Aufstockung eines Rondells von 1522/23 entstand (aus: Telle 1928).

Burg Mägdeberg (BW), torflankierender Turm, der durch Aufstockung eines Rondells entstand (aus: Dobler 1959).

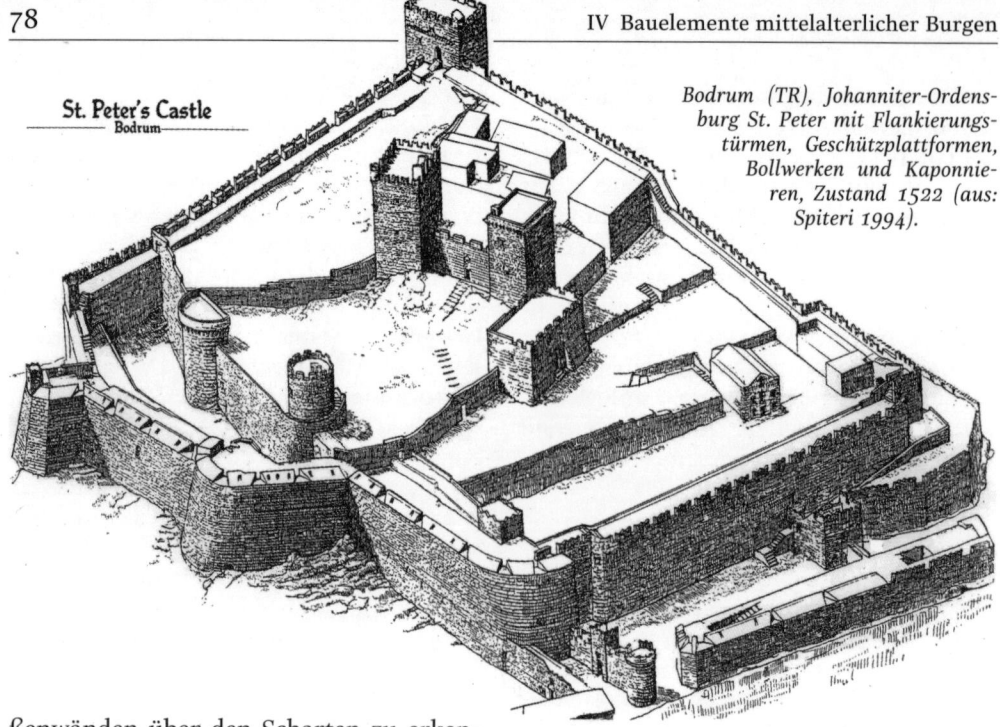

St. Peter's Castle
Bodrum

*Bodrum (TR), Johanniter-Ordens-
burg St. Peter mit Flankierungstürmen, Geschützplattformen,
Bollwerken und Kaponnie-
ren, Zustand 1522 (aus:
Spiteri 1994).*

ßenwänden über den Scharten zu erkennen sind.

In Feuchtgebieten entstanden bald
auch massive Erdrondelle mit Verteidi-
gungsplattformen (Ziegenhain HE).

Falsch ist die These von der linearen
Entwicklung, weg von hochaufragenden
Geschütztürmen über Rondelle zu Bastionen: Rondelle entstanden teils noch
im 17. Jh. (Thallichtenberg RP) und später, und Rondelle wurden noch im 16./17.
Jh. zu Geschütztürmen aufgestockt (Burg
Mägdeberg BW; Überlingen BW, Stadtbefestigung). Die Bezeichnung Rondell findet sich im 16./17. Jh. auch für Rundtür-
me an Burgen, Stadtbefestigungen und
Schlössern.

Der v. a. von Laien in der Burgen-/Fes-
tungsforschung oft undifferenziert genutzte Begriff **Bastei** meinte in der Mili-

tär-Fachsprache des 19. Jh. Albrecht Dü-
rers (1471-1528) *aus dem Thurm der alten
Stadtbefestigung für die Geschützaufstellung
umgestaltetes geräumiges Hauptwerk der
Front* (Frobenius, Militär-Lexikon 1901,
56), d.h., von der modernen Festungsforschung Rondell genannte Werke.

Der Begriff **Bollwerk**, in der älteren
Burgen-/Festungsforschung undifferenziert für Geschützturm, Rondell, Bastion
etc. genutzt, wird in der neueren Forschung weitgehend gemieden. Die fran-
zösisch als *Boulevard* (vom dt. Bollwerk)
bezeichneten breiten (Pracht-)Straßen
großer Städte, die im 19. Jh. entstanden
und häufig mit repräsentativen Bauten
besetzt sind (Wien: Ringstraße), folgten
meist dem ehem. Verlauf zuvor geschleif-
ter Stadtumwallungen (Köln).

Halbmonde und Ravelins

Ravelins – auch Halbmond (franz. *demi lune*) genannt – waren in der frühneuzeitlichen Bastionärbefestigung vor einer Kurtine frei im Graben stehende, 3- oder 5-eckige Werke. Sie entwickelten sich aus den eigentlichen Halbmonden, wie sie zu Beginn des 16. Jh. im ägäischen Johanniter-Ordensstaat vorkamen (u.a. Kástro/Insel Sými, 1507; Kástro Antimachéia/Insel Kós) und bald auch in Deutschland übernommen wurden (Hanau HE, 1523/40). Als Außenwerke hatten sie urspr. vielfach die Aufgabe der Torsicherung. Typologische Ähnlichkeiten bestehen u.a. zu Torzwingern und Barbakanen.

Bastionen

Die Bastion ist ein im Grundriss 5-eckiges Werk der frühneuzeitlichen Befestigung, das flankierend vor die Kurtine oder Polygonecke ausspringt. Sie war die bedeutendste Innovation im Wehrbau gegen Ende des Mittelalters (15./16. Jh.). Anstelle der Flankierungstürme und Rondelle traten unregelmäßig polygonale, bald aber 5-eckig vor die Wehrmauer/den Wall ausspringende, aber damit im Verband stehende Werke, die – bei systematischer Anlage tote Winkel bei der Verteidigung weitgehend vermeidend – der Aufstellung von Geschützen dienten. Die 5-eckige, mit 3 Winkeln ausspringende Bastion setzt sich zusammen aus 2 Flanken und 2 Facen (Voll-Bastion;

Antimacheía/Insel Kós (GR), Kástro, Halbmond als Torsicherung (aus: Spiteri 1994).

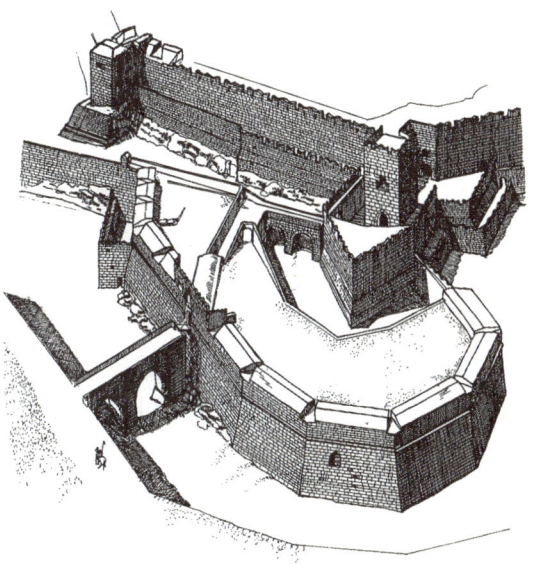

Rhódos/Insel Rhódos (GR), Stadtbefestigung, Vorwerke am Koskinou-Tor (aus: Spiteri 1994).

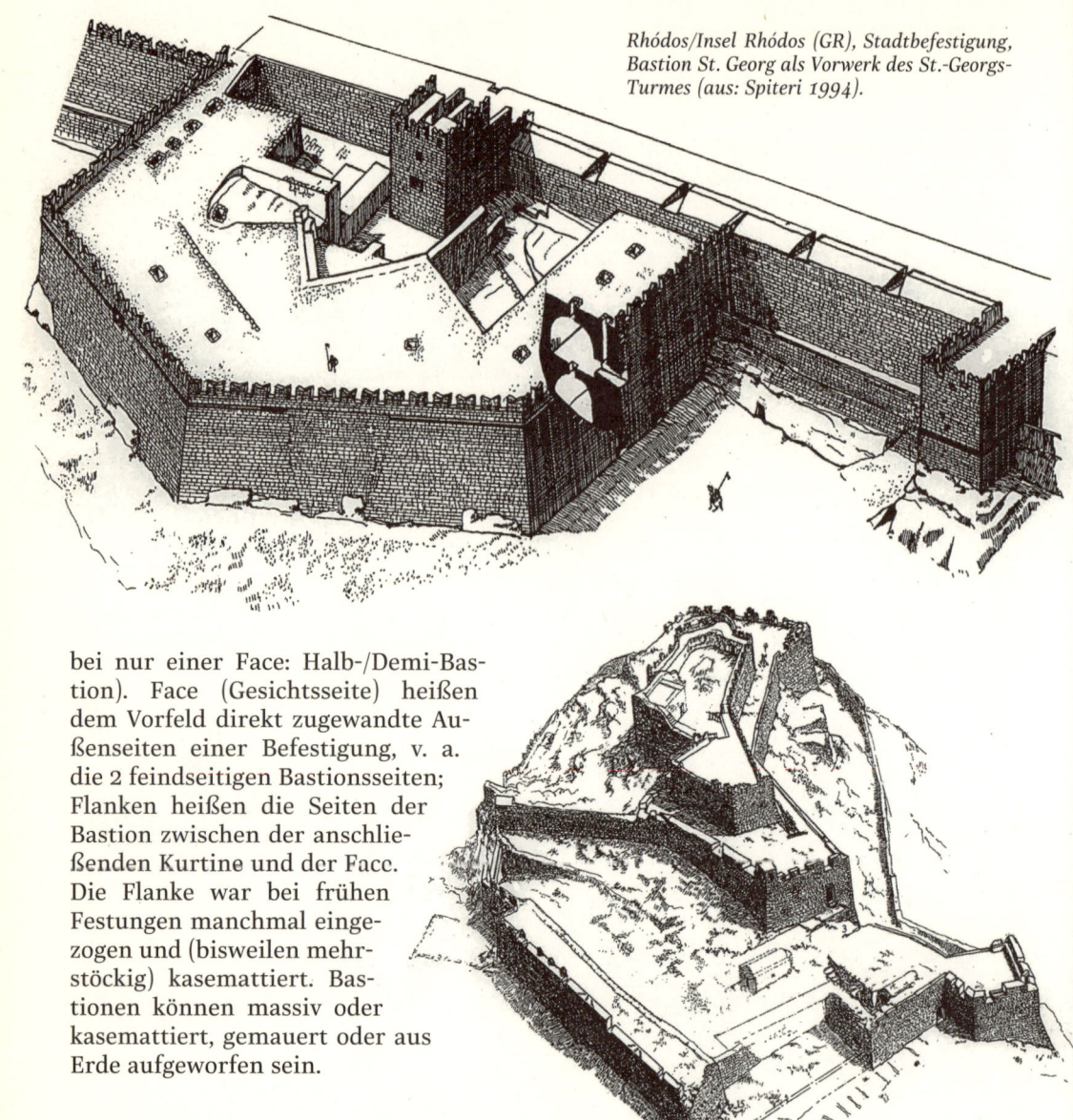

Rhódos/Insel Rhódos (GR), Stadtbefestigung, Bastion St. Georg als Vorwerk des St.-Georgs-Turmes (aus: Spiteri 1994).

bei nur einer Face: Halb-/Demi-Bastion). Face (Gesichtsseite) heißen dem Vorfeld direkt zugewandte Außenseiten einer Befestigung, v. a. die 2 feindseitigen Bastionsseiten; Flanken heißen die Seiten der Bastion zwischen der anschließenden Kurtine und der Facc. Die Flanke war bei frühen Festungen manchmal eingezogen und (bisweilen mehrstöckig) kasemattiert. Bastionen können massiv oder kasemattiert, gemauert oder aus Erde aufgeworfen sein.

Plátanos/Insel Léros (GR), Burg, mit einer der wahrscheinlich weltweit ersten Bastionärbefestigungen, vor/um 1500 (aus: Spiteri 1994).

Erste Bastionen entstanden kurz vor 1500 an Wehrbauten im heutigen Italien und in der Ägäis. Erst im 16. Jh. sind sie in Deutschland nachzuweisen (Planung für Germersheim RP, Stadtbefestigung).

Der in der älteren Literatur verwendete Begriff Rund-Bastion für halb- bis dreiviertelrunde Rondelle wird von der heutigen Festungsforschung abgelehnt.

Würzburg (BY), Marienburg, zum vierflügeligen Renaissance-Schloss ausgebaute, in der Frühen Neuzeit mit Bastionen befestigte Burg (Kupferstich aus: Merian, Topographia Franconiae, 2/1656).

Grabenwehren (Kaponnieren)

Die Kaponniere/Grabenwehr ist ein Hohlbau im Graben, der zur Verteidigung des Grabens nach mindestens 2 Seiten vor die Wehrmauer oder ein Außenwerk, oft auf einer Ecke, in den Graben ausspringt (Munot/Schaffhausen CH). Als gerundete oder polygonale Bauten gab es sie auch zur Rundumverteidigung. Nach heutiger Kenntnis könnten erste Kaponnieren um 1500/A. 16. Jh. im Johanniter-Ordensstaat in der Ägäis entstanden sein (GR: Rhódos/Insel Rhódos, Stadtbefestigung, 1512; Kós/Insel Kós, Burg).

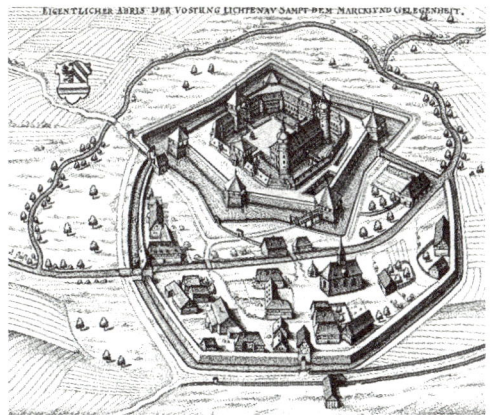

Festung und Marktsiedlung Lichtenau (BY). Die Festung ist mit frühen, kleinformatigen Bastionen geschützt, die Siedlung davor lediglich durch einen Erdwall (Kupferstich aus: Merian, Topographia Franconiae, 2/1656).

Schaffhausen (SH), Stadtbefestigung, Munot, Kaponniere, Zeichnung von Eugène E. Viollet-le-Duc (1814-79).

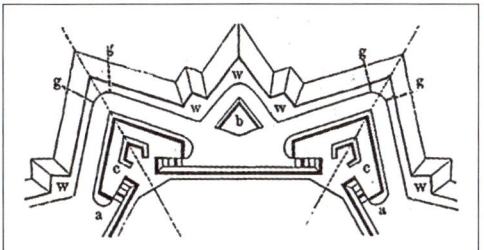

Schema der Bastionärbefestigung der sog. neu-italienischen Manier, 16. Jh.: a) Bastionen mit eingezogenen Flanken; b) Ravelin; c) Kavaliere; g) gedeckter Weg; w) Waffenplätze.

Zinnen

Im Hoch- und Spätmittelalter waren Burgen und andere Wehrbauten i.d.R. mit steinernen Ring- oder Wehrmauern versehen. Diese waren meist von Zinnen gekrönt. Zinnen sind gemauerte, meist rechteckige Aufsätze auf der Brustwehr der Ringmauer und auf verschiedenen Gebäuden, etwa Türmen, die es als quasi steinerne Schutzschilde Verteidigern ermöglichten, aus der Deckung heraus Abwehrmaßnahmen wie den Beschuss von Angreifern, Steinwürfe auf diese etc. vorzunehmen.

Im Spätmittelalter waren die Zinnenformen vielfältig (z.B. nach ihrer Form sog. Schwalbenschwanzzinnen). Der Johanniter-Ritterorden setzte an seinen Burgen und Wehrbauten im ägäischen Ordensstaat (1307-1522) doppelt bis mehrfach stumpfwinklig gekerbte Zinnen sogar architektur-ikonologisch als Elemente ein, die den jeweiligen Bau sofort als Ordensbefestigung erkennen ließen.

Bodrum (TR), Johanniter-Ordensburg St. Peter, Flankierungsturm mit den für den Johanniter-Orden typischen mehrfach gekerbten Zinnen; an den steinernen Krampen waren hölzerne Klappläden zum Schutz der Verteidiger in den Zinnenlücken eingehängt (aus: Spiteri 1994).

Der Raum zwischen 2 Zinnen, die Zinnenlücke, war an manchen Wehrbauten durch hölzerne, auf steinernen Krampen aufliegende Klappläden verdeckt, um so den Schutz für den Verteidiger zu erhöhen. Teils waren in breite Zinnen Schießscharten oder Sichtschlitze integriert.

Über ihren praktischen Nutzen hinaus waren Zinnen Bedeutungsträger und Herrschaftssymbole; sie gehörten im Hochmittelalter zu den genehmigungspflichtigen Teilen eines Gebäudes, die aus diesem erst eine Burg machten (vgl. Schwabenspiegel; Sachsenspiegel). Auch im Spätmittelalter und der beginnenden Frühen Neuzeit behielten Zinnen ihren Symbolwert – insofern ist der Begriff „Zierzinnen" nicht korrekt. Angebracht wurden sie als Abschlüsse auf hochrangigen, patrizischen Wohnbauten (Überlingen/Bodensee, Reichlin-Meldegg-Haus, 15. Jh.), als Giebelbekrönungen (Zinnengiebel, ebd.) oder an Rathäusern (Aachen; Remagen) und städtischen Fest- und Tanzhäusern (Köln, Gürzenich; Trier, Steipe). Zinnen degenerierten zwar im 15./16. Jh. zum Dekorationselement z.B. an Möbeln, sie symbolisierten aber letztlich, ohne reale Wehrfunktion – etwa als Miniaturzinnen –, bis ins 17. Jh. und erneut im 19./fr. 20. Jh. Herrschaftsanspruch, Wehrhaftigkeit und Privilegiertheit. Nachdem im 18./19. Jh. vielerorts nicht mehr benötigte Wehrgänge und Zinnen abgebrochen wurden, fanden Zinnen im 19. Jh./fr. 20. Jh. erneut Verwendung, etwa bei historistischen Umbauten von Schlössern, denen man so ein burghaftes Aussehen geben wollte (Liebburg TG: Wohnbau).

Schießscharten

Schießscharten sind nicht erst eine Er-
findung des Mittelalters. Es gab sie bereits in der Antike, etwa an hellenisti-
schen Wehrbauten (4. Jh. v. Chr.). In
Deutschland sind sie, wohl von Kreuzrit-
tern und über Frankreich (dort ab ca.
1170/80) vermittelt, ab 1. H. 13. Jh. nachweisbar, häufiger wurden sie dann ab Beginn des 14. Jh.

Viele angebliche Schießscharten v.a. in
Bergfrieden waren Licht-/Luftschlitze!
Ausrichtung und Innengestaltung der
Scharten beeinflussten ihre Effizienz.

Schützen benötigten Bewegungsraum
und gute Sicht: Hohe schmale Schlitzscharten dienten zur Verteidigung mit
Bogen und Armbrust; oft hatten sie stark
abgesenkte Ausschussöffnungen. Der
besseren Sicht dienten die Querschlitze
der Kreuzschlitzscharten. Das Aufkom-
men der Feuerwaffen im 14. und ihre
Verbreitung im 15. Jh. erforderten neue
Schartenformen. So brach man für Büchsen ab jener Zeit in Schlitzscharten unten oft runde Löcher ein. Bei Neubauten
erscheinen etwa ab 2. V. 15. Jh. Schlüs-
sel(loch)scharten. Varianten hiervon sind
Spaten- und Steigbügelscharten. Ein
quer in der Schartennische eingemauer-
tes Prellholz fing den Rückstoß der Hakenbüchse, einer Handfeuerwaffe, ab.
Gegen E. 15. Jh. verbreiteten sich quer-

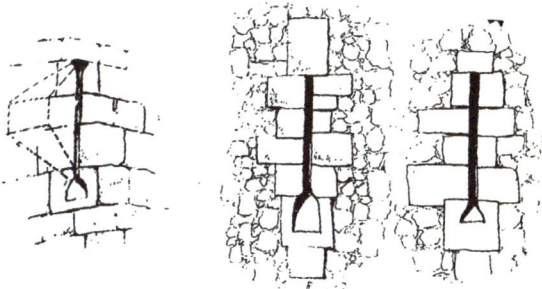

Schießkammer einer Schlitzscharte mit einem Arm-
brustschüzen, 13./14. Jh. (aus: Piper 3/1912).

Schießscharten als Schlitzscharten an Kreuzfahrer-
burgen, 12./13. Jh. (aus: Spiteri 1994).

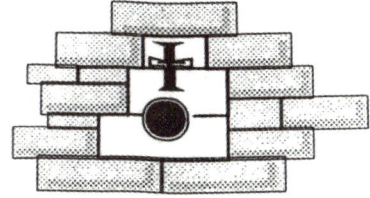

Feuerwaffenscharten an der Stadtbefestigung von Rhódos (GR), 15./16. Jh. (aus: Spiteri 1994).

Maulscharte mit rahmendem Maskenrelief an der Burg Neudahn (RP), 16. Jh. (aus: Piper 3/1912).

Kaub (RP), Burg Pfalzgrafenstein im Rhein mit hölzernen Streichwehren (aus: Tombleson, um 1840).

rechteckige Maulscharten, so genannt nach vereinzelt figürlich bzw. in Maskenform gestalteten Schartenrahmungen (Neudahn/Pfalz; Wittlich RP). Daneben gab es zahlreiche weitere Varianten (Brillen-, Zahnscharten).

Während die Maulscharte in großen Formaten als Geschützscharte in der Festungsarchitektur Verwendung fand, waren Miniatur-Schlüssel(loch)scharten an vielen Schlössern und Adelssitzen des 16.-18. Jh. primär Herrschaftssymbole (Schweppenburg RP; Nordkirchen NRW).

Wehr-/Wurferker („Pechnasen") und Maschikuli

Erker sind auf Steinkonsolen oder Kraghölzern aufsitzende, geschlossene, meist rechteckige Vorbauten eines Gebäudes, die wohl anfangs primär als Ausguck und Streichwehr, aber anscheinend schon im 12./13. Jh. aus repräsentativen Gründen an Burgen Verwendung fanden. Im Spätmittelalter gab es auch Kapellenerker.

Sonderformen sind Aborterker, Wehrerker und Scharwachttürmchen („Pfefferbüchsen") auf Bastionsspitzen.

Phantasievoll als „Pechnase" oder „Gusserker" werden immer noch über Toren und an Türmen angebrachte **Wehrerker** bezeichnet. Sie dienten durch Öffnungen im Boden der Bekämpfung von Feinden durch Steinwürfe. Heiße Flüssigkeiten, Pech und siedendes Wasser wurden hier wohl kaum herabge-

Burg Locarno (I), Maschikuli am Obergeschoss eines Flankierungsturmes (aus: Piper 3/1912).

schüttet: Wasser brauchte man im Bela-
gerungsfall als Trink- und Löschwasser,
und um Pech ständig flüssig zu halten,
hätten Unmengen an Holz verbrannt
werden müssen! In nachmittelalterlicher
Zeit gab es Wehrerker als Symbole der
Wehrhaftigkeit in Miniaturform über
Schlosstoren (Föhren RP).

Der aus dem Französischen entlehnte
Begriff **Maschikuli** (*Machikouli*) für
Wurfschachtreihen, die besonders an
Kreuzritterburgen häufig vorkamen,
wurde teils synonym zu Wehrerker verwendet. Maschikuli gab es in Deutschland nur selten (Bop-
pard RP, Wohn-
turm). In frühneu-
zeitlichen Festungen
fanden sie noch ver-
einzelt Anwendung
(Würzburg BY, Mari-
enburg, Maschikuli-
turm, Entwurf: Bal-
thasar Neumann),
denn nach Verbrei-
tung der Feuerwaf-
fen wurde senkrech-
tes Mauerwerk we-
gen seiner Gefähr-
dung gegen Beschuss
möglichst vermie-
den.

Burg Aggstein (A),
Tor mit Wehrerker
(aus: Piper 3/1912).

2 Bergfried

Als Bergfried wird der Hauptturm einer
Burg im deutschen Sprachraum bezeichnet. In der Burgenkunde der 2. H.
19. Jh. setzte sich die Bezeichnung
durch; im Mittelhochdeutschen meinte
berchfrit (*bervride* u.ä.) oft Angriffs- oder
Verteidigungstürme. Im Mittelalter
wurden Bergfriede im heutigen Sinne
meist einfach *turm* (*turn, torn*; lat. *turris*)
genannt. Anders als Wohntürme waren
sie nicht zum ständigen Bewohnen eingerichtet.

Erste Bergfriede entstanden um/kurz
nach M. 12. Jh. (Drachenfels/Rhein). Einige salierzeitliche Türme, von denen nur
Fundamente blieben, könnten aufgrund
ihrer Maße schon Bergfriede gewesen
sein (Pfalzgrafenburg/Laacher See). Im
Gegensatz etwa zu Frankreich und den
britischen Inseln, wo Wohntürme vor-
herrschten, dominierte der Bergfried ab
dem späten 12. bis zum 14./15. Jh. zahllo-
se Burgen in Mitteleuropa; danach wurden nur noch wenige Bergfriede neu gebaut. Stand der Bergfried urspr. meist
frei im Burghof (Marksburg/Braubach),
so rückte er im Spätmittelalter oft in
Richtung der Angriffsseite, um mit seiner Baumasse dahinterstehende Gebäude zu schützen, aber auch im Sinne einer
architektonischen Machtinszenierung
am Zugang zur Burg (Frontturmburg:
Kreuzberg/Ahr).

Die Grundrisse der meisten Bergfriede
waren rechteckig bis quadratisch bei Sei-
tenlängen von ca. 6–12 m; es folgen runde Bergfriede mit etwa 7-15 m Ø. Seltener waren 5- (Stolzenfels/Rhein; Lahn-
eck/Lahn; Beilstein/Mosel) oder mehr-

eckige Bergfriede (Gräfenstein / Pfalz; Steinsberg/Kraichgau); Ausnahmen sind 3-eckige (Grenzau/Westerwald), tropfenförmige (Falkenstein / Harz) oder hufeisenförmige. Bergfriedhöhen konnten, je nach Macht und Finanzkraft des Bauherrn, 10-über 40 m, Mauerstärken gut 1-4 m betragen. Einzelne Bergfriede verjüngen sich nach oben und sind so optisch gestreckt (Windeck bei Weinheim/Bergstr.). Wurde eine Burg unter 2 oder mehrere Besitzer aufgeteilt, so konnte sie mehrere Bergfriede haben (Münzenberg HE; Thurant bei Alken RP).

Die Nutzfläche der Türme war gering. Über einem unteren, nur durch eine Öffnung im Gewölbe („Angstloch") zugänglichen Untergeschoss (Verlies, nicht identisch mit Kerker!) lag ein von außen über eine Leiter/Treppe oder ein benachbartes Gebäude zugängliches Eingangsgeschoss. Der Hocheingang war ein rechtlich festgeschriebenes Privileg und durfte nicht von jedermann angelegt werden. Er gehörte zu den Elementen, die eine Burg ausmachten. Über dem Eingangsgeschoss gab es ein oder mehrere Geschosse. Eine Wehrplattform mit Zinnen und meist mit Dach schloss den Turm oben ab. Innenräume waren über hölzerne Blocktreppen, Leitern, seltener durch Treppen innerhalb der Mauern erschlossen. Die Räume besaßen Gewölbe oder Holzdecken, deren Balken auf rück-

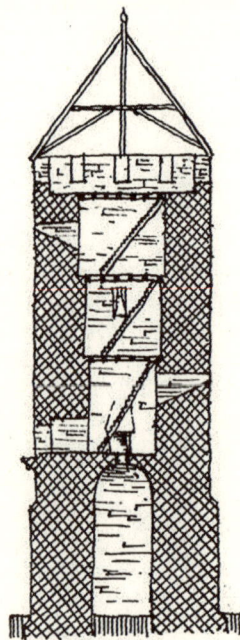

Bergfried. Schema eines Bergfriedes, Schnitt (aus: Piper 3/1912).

springenden Mauerabsätzen oder Kragsteinen auflagen. Kamine, Aborte und Wandnischen gehörten zur Ausstattung mancher Türme; ein Raum konnte für *Türmer* wohnlich eingerichtet sein.

Bergfriede waren selten Wehrbauten und eher ausnahmsweise mit Schießscharten ausgestattet (Mayen RP; Reifferscheid NRW). Vielfach wurden Licht-/Luftschlitze solcher Türme als Schießscharten missverstanden und so die Wehrhaftigkeit überbetont! Das Klischee vom Bergfried als letzter Zuflucht der Burgbesatzung im Falle einer Burgeroberung ist, bis auf wenige Ausnahmen (Mellnau HE), fragwürdig, ebenso wie die Behauptung, die Verliese der Bergfriede seien Kerker gewesen. Ein Bergfried bot kaum Verteidigungsmöglichkeiten, und Burgbewohner, die sich dorthin zurückgezogen hätten, wären durch Ausräuchern im Turm stark gefährdet gewesen. Wände fast ohne Öffnungen erschwerten die Verteidigung. Waren Schießscharten vorhanden, ermöglichten sie meist nur den Beschuss entfernt vom Turm stehender Feinde. Wenige Bergfriede hatten Obergeschosse mit Wurferkern oder -öffnungen zur Bekämpfung von Gegnern am Turmfuß: Zu deren Abwehr musste man sich zwischen den Zinnen hinauslehnen und bot so ein Ziel für gegnerische Schützen. Bergfriede waren also nur sehr eingeschränkt Wehrbauten. Erst in den

Burg Felsberg (HE) mit einem Bergfried in Form eines Butterfassturmes (Kupferstich aus: Merian, Topographia Hassiae ..., 1646).

3 Wohnbau, Palas, Saalbau

Zu den wichtigsten Gebäuden einer Adelsburg gehörte ein mehr oder weniger repräsentativer Wohnbau. Nachdem

Eisenach (TH), Wartburg. Romanischer Palas (aus: Piper 3/1912).

letzten Jahren wurde gewürdigt, dass sie primär zeichenhafte Bedeutung hatten, Machtsymbole sowie Schutzbauten und Wachttürme waren. Der Symbolgehalt von Bauten war im Mittelalter oft genauso wichtig wie der eigentliche Nutzen. Insofern wurde auf ihre äußere Wirkung viel Wert gelegt, indem sie z.B. ab 12. Jh. in Südwestdeutschland häufig mit Buckelquadern verkleidet waren. Im 14./15. Jh. entstand mancherorts durch Aufsetzen eines im Durchmesser kleineren Türmchens auf einem Bergfried (oder wichtigen Stadtmauerturm) ein sog. **Butterfassturm**, der die Höhen- und Fernwirkung des Bauwerkes noch einmal steigerte (am Rhein: Marksburg; Rheinfels).

Der Bergfried/Turm konnte per se symbolhaft für die gesamte Burg stehen. Mehrfach wurden Bergfriede in frühneuzeitliche Schlösser integriert (Bad Homburg vor der Höhe; Höchst/Main; Marienburg/Würzburg).

Marburg/Lahn (HE), Landgrafenschloss. Gotischer Saalbau (aus: Piper 3/1912).

Wohnbauten in Burgen lange generell und undifferenziert **Palas** (von lat. *palatium*) genannt wurden, wird der Begriff in der neueren Burgenforschung oft nur zur Bezeichnung jenes Bautyps genutzt, der Wohn- und Saalbau vereinigte (Wartburg TH). Auch der Begriff Saalgeschossbau findet sich bisweilen. Der Palas war ein hochmittelalterlicher Bautyp.

Reine **Saalbauten**, die lediglich einen Saal oder zwei übereinander angeordnete Säle enthielten gab es nur selten; sie kamen z.Zt. Karls d. Gr. (um 800) in dessen Pfalzen vor (Aachen; Ingelheim). Im Hoch- und Spätmittelalter gab es große, aufwändige Saalbauten nur in Pfalzen (Goslar) und hochrangigen Burgen (Marburg HE, frühgotisch; Nideggen NRW, spätgotisch).

Eger (CZ), Pfalz, Doppelkapelle (aus: Piper 3/1912).

4 Sakralbauten (Burgkapellen)

Nicht jede Burg verfügte über eine Kapelle. In manchen gab es lediglich **Tragaltäre**, die in einem ansonsten anders genutzten Raum aufgestelt wurden. In anderen kleineren Burgen finden sich an Wohnräume angefügte **Kapellenerker**. Nicht immer war eine Kapelle als eigenständiger Bau ausgebildet. So gab es **Torkapellen**, die im Torbau/-turm über der Durchfahrt eingerichtet waren (Wildenburg BY); ihnen kam eine apotropäische Funktion zu. Auch gab es Kapellen innerhalb von Wohnbauten und Wohntürmen (Mürlenbach RP).

Eine besondere Form der Burgkapelle war die **Doppelkapelle** mit zwei übereinanderliegenden, durch eine Öffnung mitten im Schiff miteinander verbundenen Sakralräumen, die ihr Hauptvorbild in der Kapelle der Pfalz Aachen Karls d. Gr. haben dürften. Insofern gab es Doppelkapellen v.a. in königlichen (Nürnberg) und hochadeligen Burgen (Are RP) sowie an Bischofssitzen (Speyer; Worms). Häufig waren die beiden Sakralräume als Vierstützenräume ausgebildet, doch gab es auch kreuzförmige Doppelkapellen mit Querarmen (Schwarzrheindorf NRW; Sayn RP).

Annweiler (RP), Burg Trifels, Kapellenerker (aus: Piper 3/1912).

5 Innengestaltungen und Ausstattungen

Decken, Gewölbe, Fußböden

Raumabschließende Decken waren im Hoch- und Spätmittelalter aus Holz gefertigt. Neben Balkendecken gab es gewölbte Innenräume. Bei entsprechender Raumgröße fanden sich bei beiden Formen hölzerne oder steinerne Stützen (Pfeiler, Säulen), die Unterzüge trugen, auf denen die Decke ruhte. Wandseitig waren hölzerne Decken in Balkenlöchern verankert oder sie lagen auf Konsolen bzw. Mauerrücksprüngen auf. Deckenbalken konnten schlicht, aber auch dekoriert (bemalt, beschnitzt) sein. Gewölbe kamen seit dem 12. Jh. zunehmend in Burgen vor; im Spätmittelalter waren dann viele Wohnbauten und -türme durchgängig gewölbt. Die Entwicklung ging dabei, wie im Sakralbau, von den Kreuzgratgewölben der Romanik (Wartburg TH) über die Kreuzrippengewölbe der Früh- und Hochgotik (Marburg

Burg Eltz (RP), Inneres, gewölbter gotischer Saal mit Kamin (aus: Piper 3/1912).

HE) hin zu den immer weiter differenzierten Netzgewölben der Spätgotik (Weilburg HE; Albrechtsburg S; Prag CZ). In Sakralräumen von Schlössern kamen gotische Gewölbe noch bis in die Renaissance vor (Aschaffenburg BY). Über Gewölbe wurden meist hölzerne Fußböden gelegt; auf hölzernen Fußböden konnten Stein- oder Tonplatten liegen.

Marienburg (PL), Deutschordensburg, Remter, Inneres, gewölbter gotischer Saal (aus: Piper 3/1912).

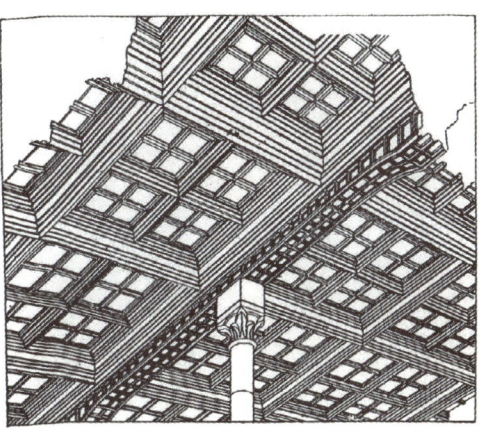

Chillon (CH), Inneres, hölzerne Kassettendecke (aus: Piper 3/1912).

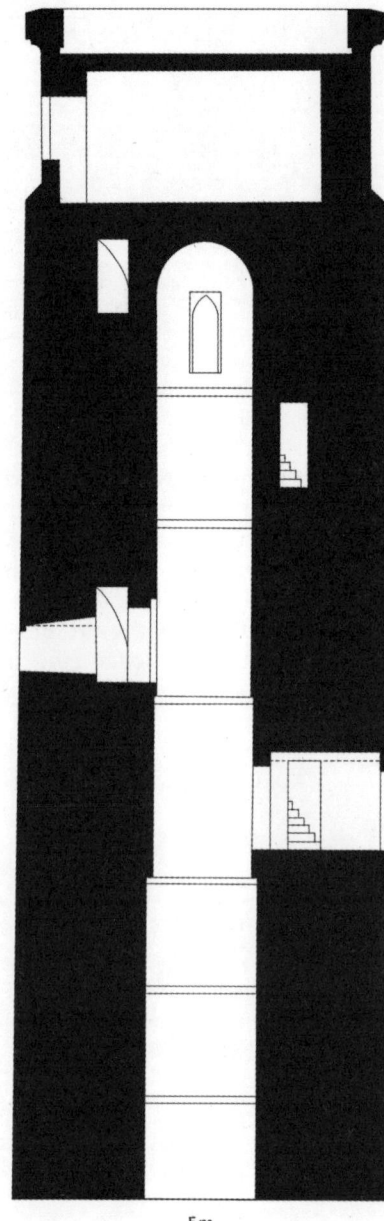

Treppen

Neben Leitern, die z.B. Turmgeschosse
miteinander verbanden, gab es in Burgen
Treppen zur Verbindung verschiedener
Etagen oder zum Erreichen der meist im
1. OG gelegenen Hocheingänge wichtiger
Gebäude (Bergfried, Wohnturm, Palas).
Da es Treppenhäuser im Hochmittelalter
selten gab (Wartburg TH, Palas), erfolgte
die Erschließung von Wohnbauten über
hölzerne Außentreppen (Münzenberg
HE, Palas). In Türmen gab es spätestens
seit dem 14. Jh. Treppen innerhalb der
dicken Mauern (Nürburg RP), doch auch
hölzerne Blocktreppen konnten Wohnge-
schosse miteinander verbinden (Stein
am Rhein CH, Wohnturm, 13. Jh.).

Meist runde oder polygonale **Treppentürme** an einer Außenecke/-seite,
meist der Hofseite, eines (Wohn-)Gebäu-
des, enthalten die um eine vertikale

*Burg Runkelstein/Südtirol (I), Außenerschließung ei-
nes Wohnbaues durch hölzerne Treppen (aus: Piper
3/1912).*

*Burg Hohenbodman (BW), Bergfried mit Treppen in der
Mauerstärke, Schnitt (Aufmaß und Zeichnung: R. Schrage).*

5m

Treppenspindel verlaufenden **Wendel-
treppe**, welche die Stockwerke des Gebäudes miteinander verbindet. In
Deutschland, wohl ab dem 13. Jh. häufiger (Mürlenbach RP), wurden Treppentürme in der Spätgotik (Meißen S, Albrechtsburg) und Renaissance teils aufwändig gestaltet. Aus manchen Treppen-
türmen wurden durch Erweiterungsbau-
ten bzw. Umbauung Innentreppen (Blumenfeld BW, 16. Jh.). Oft werden auch gerundete Treppenhäuser mit Wendeltrep-
pen, die den Baukörper des erschlosse-
nen Gebäudes nicht überragen, fälschlich
Treppentürme genannt (Langenstein
BW; Randegg BW).

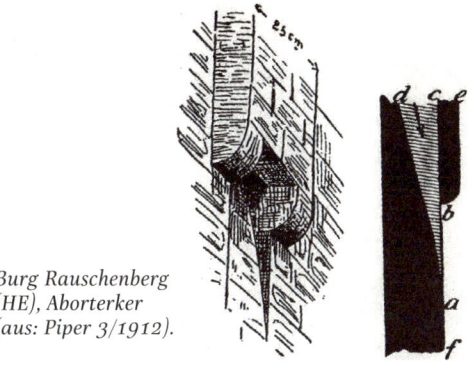

*Burg Rauschenberg
(HE), Aborterker
(aus: Piper 3/1912).*

Aborte

Der Abort, volkssprachlich im Sinne von
„abgelegener Ort" (auch *Abtritt*, *Heim-
lichkeit*) ist eine Einrichtung zur Entsor-
gung menschlicher Exkremente. Zu unterstellen ist die Verwendung von
Nachttöpfen in Burgen, doch kamen mit
der Zunahme des Wohnkomforts Aborte
in Wohnbauten und anderen Burggebäuden vor; zu den frühesten nachge-
wiesenen gehören die in Burg Broich

NRW (9. Jh.). An manche Wohntürme
der Salierzeit waren außen große Abort-
vorbauten mit Fallschächten angefügt
(Schlössel/Klingenmünster RP); solche
gab es auch an mehreren Burgen im 11.
Jh. an der Ringmauer-Feldseite. Seit
dem 12./13. Jh. baute man öfter einfache Aborte mit schrägem Schacht in der
Mauerstärke (Arbon CH, Wohnturm)
und Aborterker (Marksburg RP), doch
kamen aufwändige, mehrstöckige
Aborte mit Fallschacht und vereinzelt
mit Wasserspülung auf Königs- oder
Hochadelsburgen vor (Trifels RP). Die
Schächte konnten durch eine Öffnung
knapp über dem äußeren Bodenniveau
entleert werden oder sie führten in eine
Sickergrube. Im Spätmittelalter besaßen viele Wohnbauten Aborte mit Sitz-

*Andelfingen (CH), Burg, an der Außenwand Aborter-
ker und -schächte (Kupferstich-Ausschnitt aus: Merian, Topographia Helvetiae ..., 1642).*

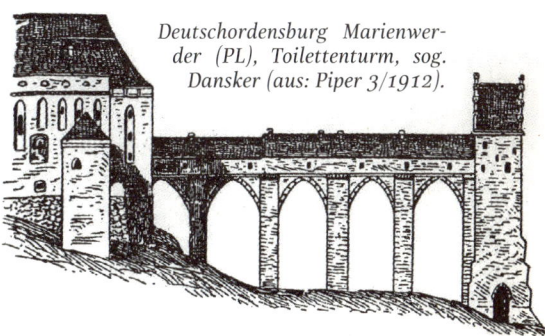

*Deutschordensburg Marienwer-
der (PL), Toilettenturm, sog.
Dansker (aus: Piper 3/1912).*

brett, doch gab es Aborte bisweilen auch in Bergfrieden, an der Ringmauer oder in Schildmauern (Langenau RP). Aus Aborterkern aus Stein oder Holz fielen die Exkremente frei nach unten, nur selten in ein fließendes Gewässer. Teils waren im Spätmittelalter hölzerne Fallschächte unter Aborterker gesetzt. Sehr selten waren Aborttürme (sog. Dansker an Deutschordensburgen in Preußen).

Innenräume – Funktionen und Ausstattungen

Da keine mittelalterlichen Innenräume mit ihren Originalausstattungen erhalten blieben, ist man für die Einschätzung des Wohnalltages auf Burgen auf die wenigen erhaltenen, meist aus dem Spätmittelalter stammenden Ausstattungsgegenstände und mehr noch auf Schriftquellen angewiesen. Diese sind für das Hochmittelalter meist Texte von Minnesängern und Ritterromane, allen voran der ‚Parzival‘ des Wolfram v. Eschenbach (um 1200), der auf der auf dem französischen Original des Chrétien de Troyes (um 1165/90) basiert. Zu bedenken ist jedoch, dass die Dichter fiktive und übersteigerte Darstellungen bieten (Gralsburg; Hof des König Artus), die nur mit Abstrichen auf die zeitgenössische Realität übertragen werden können. Konkreter werden die Schilderungen des Lebensalltages im Spätmittelalter. So lässt sich vieles den autobiographischen Schriften und Dichtungen des in (Süd-)Tirol ansässigen Ritters Oswald v. Wolkenstein (1377-1445) entnehmen. Ab dem Spätmittelalter und in

der Frühen Neuzeit geben dann zunehmend Inventare und Rechungen Auskunft über Details der Ausstattung von Burgen und des Lebens in ihnen. Auch Bildquellen (Buchmalerei; Altar- und Heiligenbilder) nehmen im Spätmittelalter deutlich zu. „Die wichtigste Erkenntnis ist die grundsätzliche Multifunktionalität mittelalterlicher Burgräume. Man verfügte über wenige Räume und Mobiliar, die mit wenigen Handgriffen und Zutaten dem Anlass entsprechend umgewandelt werden konnten“ (Grebe/Großmann 2007, 145). Bei kleineren, nur wenige Räume umfassenden Burgen gab es meist einen Aufenthaltsraum, eine Stube und eine Schlafkammer, die von der Familie des Burgherren gemeinsam genutzt wurden, d.h., in einem Wohnturm lebte man i.d.R. sehr beengt. Anders war dies in Dynastenburgen.

Mobiliar

In mittelalterlichen Innenräumen stand meist nur wenig Mobiliar. Neben wandfester Ausstattung, etwa den steinernen Sitzbänken in Fensternischen oder Wandnischen mit Regalen, gab es oft nur Truhen, Bänke und Stühle. Das Wohnmobiliar diente „der Erfüllung der Grundfunktionen: Sitzen, Liegen, Aufbewahren, Essen und Arbeiten“ (Grebe/Großmann 2007, 147f).

Als **Sitzmöbel** gab es, neben den erwähnten steinernen Fensterbänken – die am Fenster die größte Helligkeit boten und die oft mit Kissen oder Textilien belegt waren – Schemel/Hocker und Bänke.

Rudelsburg (SA), romanische Fensternische mit steinernen Sitzbänken (aus: Piper 3/1912).

Auch Truhen wurden zum Sitzen genutzt. Stühle mit Rücken- und Armlehnen waren offenbar seltener und höherrangigen Personen zugedacht. Ab 15./16. Jh. gab es schon aus der Antike bekannte Falt-/Scherenstühle; sie konnten platzsparend aufbewahrt werden.

Feste **Tische** gab es offenbar selten. Vielmehr wurden Tischplatten – Tafeln – bei Bedarf auf klappbare Gestelle aufgelegt und nach der Nutzung, etwa dem Essen, wieder beiseite geräumt, woran der Ausdruck „die Tafel aufheben" erinnert. Mit Überwürfen und kostbaren Textilien konnte ein Tisch bei entsprechenden Anlässen aufgewertet werden. Den Wohnkomfort hebende **Textilien** kamen, je nach wirtschaftlichen Möglichkeiten der Burgherren, in verschiedenen Formen vor: Es gab Stoffbespannungen für Schemel und Stühle, Wandteppiche, Bettvorhänge und -baldachine (Himmelbetten; s.u.).

Beweglicher Besitz, dazu gehörten auch Kleidungsstücke, wurde meist in **Truhen** aufbewahrt, die als rechteckige hölzerne Kästen mit verschließbarem Deckel und seitlichen Tragegriffen ihr Aussehen über die Jahrhunderte wesentlich beibehielten und lediglich im Dekor variierten. Für Kleingegenstände, etwa Schmuck, gab es zur Aufbewahrung **Kästchen**. Während es hölzerne **Schränke** im kirchlichen Bereich, etwa in Sakristeien, schon früher gegeben hatte, gab es sie erst ab dem 16. Jh. häufiger auf Burgen, die aber bereits im Hochmittelalter vereinzelt über Wandschränke verfügten.

Büffets oder **Kredenzen**, auf denen wertvolles Geschirr präsentiert wurde, fanden sich seit dem Spätmittelalter in manchen hochrangigen Burgen.

Zu den weniger verbreiteten Möbeln in Burgen gehörten wahrscheinlich **Schreibpulte** mit schräger Platte ohne Ständer, die auf Tischen aufgestellt werden konnten.

Sehr verschiedenartig waren die **Betten**, je nach Rang der – adeligen oder nichtadeligen – Burgbewohner. So sind aus der Buchmalerei einfache, von einem Holzgestell umgebene Strohschütten ebenso bekannt wie Himmelbetten. Nur wenige spätmittelalterliche Schlafstätten blieben in Burgen erhalten, und insgesamt sind die Kenntnisse über Betten noch nicht sehr umfänglich. Bekannt ist, dass es Kastenbetten gab – so steht im Wohnturm der Burg Reifenstein/Südtirol eine Schlafkiste des 15./16. Jh. –, ebenso Baldachinbetten, die sich leicht abbauen liessen. Beide Typen konnten auf einem kastenartigen Sockel stehen, der neben der Anhebung des Bettes über

den kalten Fußboden Sitz- und Ablage-
möglichkeiten bot. Zudem scheint es in
Mauern ausgesparte Bettnischen gegeben zu haben (Grebe/Großmann 2007,
159). Auch gab es schlichte, mit Tierhaa-
ren, Frauenhaar oder Federn gefüllte
Matrazen, die man, wie auch schlichte
Stroh- oder Laubsäcke, auf den Boden
legte. Wie Faltstühle und aufhebbare Tafeln sind sie Indizien für die Multifunktionalität mittelalterlicher Burgräume,
denn auch sie konnten bei anderem Nut-
zungsbedarf jederzeit weggeräumt werden. Im Spätmittelalter kamen Spann-
betten auf. Man schlief meist nackt unter
Leintüchern; im Winter nahm man Laubsäcke oder Tierfelle dazu.

Beheizung

In vielen Gedichten und Liedern hochmittelalterlicher Minnesänger wird über
den Winter geklagt und das Frühjahr
herbeigesehnt. In Burggebäuden ohne
Fensterverglasung konnte es im Winter
äußerst kalt werden. Zur Beheizung
dienten offenbar steinerne offene Feuer-
stellen, dann – archäologisch kaum nachweisbar – Glut- und Holzkohlepfannen.
Ab dem 9. Jh. könnte es Kamine gegeben
haben; seit der Zeit um 1100 sind sie in
Burgen archäologisch belegt (Steinen-
schloß RP): Der **Kamin** bestand übli-
cherweise aus einer steinernen Platte auf
dem Boden, über der sich eine an die
Wand gelehnte schräge Kaminhaube aus
Stein oder lehmverkleidetem Holz be-
fand, die meist zwei Steinstützen oder
Kragsteine trugen. Vor dem 12. Jh. waren
gemauerte Kamine in Burgen selten; in

der Stauferzeit finden sie sich dann zunehmend in Küchen und herrschaftli-
chen Räumen. In Gesellschaften waren
Sitzplätze am Kamin oft hochrangigen
Personen vorbehalten. Auf mit Kaminen
heizbare Räume oder Gebäude könnte
die Bezeichnung Kemenate (lat. *camina-
ta*) zurückgehen, die in der frühen Burgenforschung oft als „Frauengemach"
missverstanden wurde.

Da selbst große Kamine größere Räume nicht ausreichend beheizten, stellte
die Einführung des **Kachelofen**s eine
wichtige Innovation dar. Älteste Funde,
welche seine Existenz belegen, stammen
aus der Frohburg/Solothurn CH (11.
Jh.). Der Kachelofen bestand aus dem
geschlossenen gemauerten Ofen mit

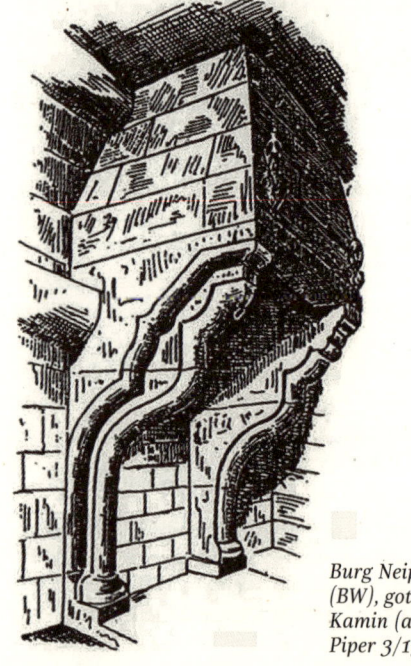

*Burg Neipperg
(BW), gotischer
Kamin (aus:
Piper 3/1912).*

kuppel- oder tonnenförmigem Aufbau, der auf einem Sockel stand. Er konnte vom Raum, von einem benachbarten Raum oder vom Gang aus befeuert werden. Im Gegensatz zum Kamin hielt dieser die Wärme länger und minderte die Brandgefahr. Tief in den Ofen hineinragende Topfkacheln führten infolge der Oberflächenvergrößerung zu größerer Wärmeabgabe. Kachelöfen dienten zum Heizen, zum Aufwärmen von Speisen, zum Trocknen von Obst und Wäsche oder zum Ausbrüten von Eiern. Im Spätmittelalter hatten sie auch eine wichtige repräsentative Funktion. Glasierte Ofenkacheln (dunkelgrün, cremefarben), oft mit (figürlichen) Reliefs, zierten das Äußere.

Kachelofen mit Becherkacheln auf einem Fresko des 14. Jh. in Konstanz (BW), Umzeichnung (aus: Boxler/Müller 1990).

Zur Beheizung trugen auch die zur Beleuchtung von Innenräumen genutzten Fackeln, Kienspäne und Talglampen bei.

6 Vorburgen, Wirtschaftshöfe, Gärten

Die meisten hoch- und spätmittelalterlichen Burgen umfassten neben der Hauptburg eine Vorburg, in der Wirtschaftbauten, aber auch Burgmannensitze stehen konnten. Vorburgen waren meist von der Hauptburg durch einen Graben separiert; viele verfügten über eigene, manchmal weniger ausgeprägte Befestigungen. Bei größeren Burgen konnte es mehrere Vorburgen geben (Burghausen BY).

Außer den teils landwirtschaftlich geprägten Vorburgen gab es meist einen der Burg zugeordneten Wirtschaftshof – mancherorts mehrere Wirtschaftshöfe –, der für die Lebensmittelversorgung der Burg zuständig war. Auch Gärten waren den meisten Burgen zugeordnet, wobei kleinere Kräutergärten innerhalb der Mauern liegen und dem Freizeitaufenthalt der Burgbewohner/-innen dienen konnten. Rasenbänke unter Rosenlauben sind aus spätgotischen Malereien des 15. Jh. bekannt (Stefan Lochner: Madonna im Rosenhag). Darüber hinaus gab es außerhalb der Burg gelegene, oft aber zum „Burgfrieden" gehörige Baum- und Weingärten, die sich im Rheinland vielerorts noch durch die Flurnamen *Bungert* und *Wingert* nachweisen lassen.

7 Wasserversorgung

Im Gegensatz zu jener der Wasser- bzw. Niederungsburg war die Wasserversorgung einer Höhenburg meist schwierig, zumindest aufwändig. Es gab mehrere Möglichkeiten, Burgen mit Wasser zu versorgen; viele verfügten wahrscheinlich über kombinierte Wasserversorgungssysteme.

Ein früher hölzerner **Brunnen** (1155/56) wurde auf Burg Lübeck SLH archäologisch nachgewiesen. Die Anlage eines **Tiefbrunnen**s war auf einer Höhenburg technisch oft äußerst schwierig, zeitintensiv und somit kostspielig. Daher verfügten nur wenige Burgen über einen Tiefbrunnen (Trifels RP, Brunnenturm mit 79 m tiefem Schacht, um 1200). Viele solcher Brunnen entstanden erst im späten Mittelalter (Meersburg BW, ab 1334 durch Bergknappen, 30 m) oder in der Frühen Neuzeit. **Sodbrunnen** reichten nicht bis zum Grundwasserspiegel hinab, sondern nur bis zu einer wasserführenden Schicht im Gestein, d.h., sie mussten nicht so tief abgeteuft werden.

In **Zisternen** genannten Becken oder Kammern wurde Oberflächenwasser (Regen-, Schmelzwasser) gesammelt, das – wie immer wieder aus spätmittelalterlichen und frühneuzeitlichen Rechnungen für den Kauf größerer Fässer ersichtlich ist – auch als von Dächern ablaufendes Wasser aufgefangen wurde. Zu unterscheiden sind Tank- und Filterzisternen.

Tankzisternen sind überdeckte bzw. gewölbte, in den Boden eingelassene Kammern mit abgedichteten Wänden, die durch künstliche Aushebungen im Fels oder durch die Vergrößerung bestehender Felsspalten entstanden. Zur Anlage von **Filterzisternen** wurde in der Mitte einer Grube ein mit Steinen ausgekleideter Schöpfschacht angelegt, der seitlich abgedichtet, im untersten Teil aber wasserdurchlässig war. Eine Füllung aus Sand, Kies und/oder Steinen filterte das aufgefangene Wasser, das im unteren Teil der Grube in den Schöpfschacht einsickerte.

Mit innerhalb des Burggeländes verlaufenden, oft wohl offenen **Wasserrinnen** konnte Zisternen Wasser zugeleitet werden (z.B. Manderscheid, Niederburg).

Wasserleitung: Wurde Wasser durch ein Röhrensystem geleitet – die Röhren bestanden aus Holz (sog. Deichel) oder Ton, seltener aus Blei oder Kupfer –, konnte dieses im Angriffs-/Belagerungsfall von Angreifern unterbrochen werden, wie es bei frühneuzeitlichen Belagerungen des Landgrafenschlosses in Marburg HE geschah. Die Große Harzburg NS wurde u.a. über eine 1.300 m lange Wasserleitung versorgt; die spätmittelalterliche Leitung von Dalberg RP überquerte auf einem Aquädukt den Halsgraben.

Esels- und Ochsenwege: Mit Tragtieren wurde von einer Quelle oder einem Bach (Tengen BW; Worblingen BW) Wasser zur Burg gebracht.

V Alltagsleben auf mittelalterlichen Adelsburgen

Noch immer kursieren zahlreiche Klischees über das Leben auf „der mittelalterlichen Burg". In der populärwissenschaftlichen Literatur wurden, ohne Unterscheidung der jeweiligen Phase des immerhin ca. 1.000 Jahre währenden Mittelalters und ohne Differenzierung der Burgtypen und ihrer im Rang doch sehr unterschiedlichen Besitzer Alltagsschilderungen konstruiert, bei denen sehr oft Aussagen aus dem *Huttenbrief*, den der Ritter Ulrich v. Hutten 1518 seinem Freund Wilibald Pirckheimer, einem Stadtbürger, geschrieben hat, auch für die Jahrhunderte zuvor herangezogen wurden. Dabei veränderte sich das Leben im Laufe dieser 1.000 Jahre. Und der Adel war keineswegs homogen; es gab signifikante Unterschiede zwischen Burgen und deren Ausstattungen, je nachdem, ob der Besitzer der Kaiser/König, ein Herzog, Fürst, Graf, Hoch- bzw. Niederadeliger oder Ministeriale war.

Da keine mittelalterlichen Innenräume mit Originalausstattungen erhalten sind, ist man für die Einschätzung des Wohnalltages auf Burgen auf wenige erhaltene, meist aus dem Spätmittelalter stammende Ausstattungsgegenstände und mehr noch auf Schriftquellen angewiesen. Diese sind für das Hochmittelalter Texte von Minnesängern und Ritterromane, allen voran der ‚Parzival' des Wolfram v. Eschenbach (um 1200), der auf dem französischen Original des Chré-

tien de Troyes (um 1165/90) basiert. Zu bedenken ist, dass die Dichter fiktive, übersteigerte Darstellungen boten (Gralsburg; Hof des König Artus), die nur mit Abstrichen auf die zeitgenössische Realität übertragen werden können. Konkreter werden die Schilderungen des Lebensalltages im Spätmittelalter, so in den autobiographischen Schriften und Dichtungen des in (Süd-)Tirol ansässigen Ritters Oswald v. Wolkenstein (1377-1445) und im erwähnten *Huttenbrief* (1518). Ab dem Spätmittelalter und in der Frühen Neuzeit geben dann zunehmend Inventare und Rechungen Auskunft über Details der Ausstattung von Burgen und des Lebens in ihnen. Auch Bildquellen (Buchmalerei; Altar- und Heiligenbilder) nehmen im Spätmittelalter deutlich zu.

Festzustellen ist vorab, dass es im Mittelalter keinen „romantischen" Burgalltag gab. Die Spannbreite reichte vom einfachen Lebensalltag Niederadeliger, der sich wenig von dem mancher Bauern unterschied, hin zu hochadelig-höfischer Prachtentfaltung. Turnier und Kampf waren Ausnahmen im Lebensalltag des normalen Ritters.

Für große und kleine Burgen gleichermaßen gilt: „Die wichtigste Erkenntnis ist die grundsätzliche Multifunktionalität mittelalterlicher Burgräume. Man verfügte über wenige Räume und Mobiliar, die mit wenigen Handgriffen und Zutaten dem Anlass entsprechend umgewandelt werden konnten" (Grebe/Groß-mann 2007, 145). Es sei in diesem Kontext auf die Ausführungen zu Innenräumen und Ausstattungen (Kapitel 4) verwiesen.

Die folgenden Ausführungen betreffen primär den **Alltag auf Adelsburgen im Hoch- und Spätmittelalter**. Eine kleinere Adelsburg wurde i.d.R. von einer Familie und einige Bediensteten bewohnt, d.h., die Bewohnerzahl war gering, nicht mehr als 15, oft weniger als 10 Personen. „Die mittelalterliche Adelsfamilie war den überlieferten Quellen zufolge meist eine Kleinfamilie, im Durchschnitt umfasste sie die Eltern und maximal vier Kinder, da viele Kinder [bis zu 50%] infolge unzureichender Ernährung, mangelnder medizinischer Versorgung und Hygiene bereits im Säuglings- oder Kleinkindalter starben" (Grebe/Großmann 1990, 142). Bei ihrer Untersuchung über Burgen in der Schweiz fanden Boxler/Müller (1990) heraus, dass 5-8 Kinder nicht selten waren. „Zur Familie des Burgherren kamen möglicherweise nähere Verwandte, die zeitweilig oder permanent auf der Burg lebten. Die Zahl der Bediensteten war gering und umfasste Personal für den Haushalt, die Küche, die Wirtschaftshöfe und vielleicht eine Wache; nur höherstehende Adelige hatten persönliche Bedienstete" (Grebe/Großmann 2007). Auf manchen Burgen lebten Knappen, junge Männer, die zu Rittern erzogen wurden und oft „dem erweiterten Familienkreis des Burgherren" entstammten (ebd.).

Auf Dynasten- und manchen Landesburgen gab es deutlich mehr Bewohner, da dort Burgmannen auf Zeit ansässig waren. Auf solchen Burgen war der Burgherr nicht ständig anwesend, da er über mehrere Burgen verfügte. Die Verwaltung hatte während seiner Abwesenheit ein Burggraf bzw. im Spätmittelalter ein Amtmann inne, der meist nur über wenig Personal verfügte. Wieder anders stellte sich die Situation auf einer kleinen Burg dar, die primär Überwachungsfunktion hatte: Die Johanniter-Ordensburg auf der Insel Alimía GR, 6 km von der Insel Rhódos entfernt, hatte im 14. Jh. 6 Mann Besatzung; bei einer drohenden Belagerung der Hauptstadt Rhódos wurde die Besatzung 1479 abgezogen, um deren Verteidiger zu unterstützen.

Auf kleineren Adelsburgen war der Alltag vom Tages- und Jahreszeitenlauf (Sonnenstand) im Sinne bäuerlichen Lebens bestimmt. Boxler/Müller (1990) haben diesen für die Schweiz erfasst. Demnach gab es bis um 1300 meist nur 2 **Mahlzeiten** am Tag, eine vormittags, eine am späteren Nachmittag. Erst später ging man zu 3 Mahlzeiten plus Vesper über. Ein Frühstück auf einer Burg in Graubünden könnte im 14. Jh. aus Hafermus, Ziger (Ziegenfrischkäse), Wein und Milch für die Kinder bestanden haben, ein während der Heuernte auf der Wiese unterhalb der Burg eingenommenes Mittagessen aus geräucherter Rindsschulter, Speck, Ziegenkäse, Brot, Wasser und Wein. Hirsebrei und Hafermus gehörten fast täglich zu den Mahlzeiten; ab dem 13. Jh. setzte sich Brot stärker durch, wobei sich das der Bauern (Roggen, Hafer) von dem des höheren Adels (Weißbrot: Weizen, Gerste) zunehmend unterschied. Insgesamt war der Getreideverbrauch größer als heute. Kartoffeln waren in Mitteleuropa noch nicht bekannt. Auch Hülsenfrüchte (Erbsen, Linsen, Saubohnen), Kohl, Lauch, Fenchel, Rüben, Sellerie und Kürbis standen auf dem Speiseplan, ebenso Obst (auch Trockenobst: Birnen, Äpfel, Kirschen, Pflaumen), Beeren, Nüsse und Pilze. In Regionen, in denen Viehwirtschaft vorherrschte, gab es mehr Milchprodukte (Käse). In getreidearmen Gegenden wurde Brotteig mit Birnen und anderen Früchten gestreckt. Hühnereier wurden ebenfalls gegessen. Viele Landwirtschaftsprodukte wurden durch die Mitarbeit des Burgherrn und seiner Familie gewonnen; andere wurden von abhängigen Bauern geliefert.

Zwar aß der Adel mehr Fleisch als Bauern, doch wird der Fleischkonsum oft überschätzt, wobei Jagdwild (Wildschwein, Hirsch, Reh, Gams, Steinbock, Dachs, Fuchs) im Vergleich zu Haustieren und Geflügel weit seltener gegessen wurde. Wild machte bei archäologischen Knochenfunden „selten mehr als 5%" aller Funde aus (ebd.). Fleisch wurde durch Pökeln und Räuchern haltbar. Dies war insofern wichtig, als die Bauern wegen des Futtermangels im Winter im Herbst viele Tiere schlachten mussten.

Da es viele Fastentage gab, und auch tierische Produkte wie Eier, Milch, Butter, Käse bis Ende 15. Jh. dann i.d.R. nicht gegessen werden durften, kam Fisch als Nahrungsmittel eine Bedeutung zu. Zu vielen Burgen gehörten *Fischenzen*. Gepökelte Heringe wurden u.a. aus Schweden nach Mitteleuropa exportiert.

Salz war im Mittelalter teuer. Es wurde u.a. aus Tirol und Burgund geliefert.

Gewürzt wurde mit Kräutern (Bohnenkraut, Rosmarin, Salbei, Kümmel, Liebstöckel, Fenchel, Koriander, Dill, Petersilie, Kerbel, Knoblauch) sowie mit Zwiebel, Senf und Weinessig (ebd.). Da Zucker zwar seit den Kreuzzügen bekannt, aber nicht verbreitet war, nutzte man zum Süßen u.a. Honig oder eingedickten Birnensaft. Zum Wirtschaftsbetrieb mancher mediterraner Burg gehörte jedoch bereits im 15. Jh. die Rohrzuckerproduktion (Kolossi CYP; Féraklos/Insel Rhódos GR). Als Fette nutzte man Speck/Schmalz, Butter und z.B. aus Bucheckern gewonnenes Öl.

Als Getränke kamen Wasser, Wein – oft mit Zimt, Nelken etc. gewürzt –, im Spätmittelalter auch Bier, vergorene Fruchtsäfte und Milch auf den Tisch.

Geschirr/Besteck: Teller und Becher waren anfangs oft aus Holz gefertigt. Trinkgläser gehörten im 13. Jh. noch zum besonders wertvollen Besitz (Boxler/Müller 1990). Messer und hölzerne Löffel fanden bei Tisch Verwendung; Gabeln waren nicht verbreitet, doch kam im 14. Jh. der Esspfriem, eine Art Spieß, auf. Nach und nach verbreiteten sich verbindliche Tischsitten für (hoch-)adelige Gesellschaften.

Hygiene: Zur Reinigung standen, von der Antike über das Mittelalter bis weit ins 20. Jh. unverändert, Wasserkanne und Schüssel bereit, während hölzerne Waschschränke mit eingebautem Wasserbehälter, -becken und Schrankfach sicher im Spätmittelalter noch große Ausnahmen bildeten. Man wusch sich, wenn es nötig war, etwa nach der Arbeit oder wenn man sich zu Tisch begab. In gehobenen Burghaushalten gab es Aquamanilen, oft in Tierform gestaltete Wassergefäße, die zur Handwäsche gereicht wurden. Nur wenige Burgen hatten ein separates Badehaus oder eine Badestube, wie Schloss Eigeltingen BW, wo es im 16. Jh. ein *lustig Bad- und Ausziehstüblein* gab. Ansonsten wurden Waschzuber zum Baden benutzt.

Im Normalfall führte die **Burgherrin** den Burghaushalt; sie war zudem verantwortlich für Küche, Kindererziehung und den Burggarten mit Kleinvieh und Geflügel. Zu ihren Tätigkeiten gehörten Spinnen, Nähen, Sticken und Weben. Einige Damen konnten offenbar lesen und schreiben. Je nach Größe der Burg standen der Dame neben ihren Töchtern eine Magd oder mehrere Mägde zur Seite. Der **Burgherr** führte – wenn nicht dem Hochadel angehörig – ein durchaus dem

bäuerlichen vergleichbares Leben. Er überwachte die Knechte und arbeitete mit ihnen zusammen in der Land- und Forstwirtschaft. Auch die bauliche Unterhaltung der Burg, an der es ständig etwas zu reparieren gab, musste er gewährleisten, ebenso die Wasserversorgung. Zudem kümmerte er sich um die ihm anvertrauten hörigen Bauern sowie um deren Abgaben für seinen Haushalt und um alles, was die Burglehen anbelangte. Viele Burgherren hatten die Niedergerichtsbarkeit inne, sie mussten Gericht halten. Im Kriegs-/Fehdefall war der Burgherr seinem Herrn dienstverpflichtet. Nur selten blieb Zeit zur Jagd. Männer verbrachten ihre Freizeit am Abend u.a. mit Spielen (Tricktrack, Schach, Würfeln). Die **Kinder** der Burgherrschaft wurden ab etwa ihrem 8. Lebensjahr zunehmend in die Tätigkeiten der Erwachsenen eingebunden; mit 15/16 Jahren galten sie als erwachsen.

EXKURS
Von „Raubrittern" und Fehden

Das sog. „Raubritterwesen" war ein vielschichtiges Phänomen, das hier nicht umfassend dargestellt werden kann. Ein wichtiger Aspekt sei aber betont: Die Blütezeit des Rittertums lag im Hochmittelalter. Das 14./15. Jh. hingegen war von einer zunehmenden Krise insbesondere des Niederadels geprägt. Am Ende des Mittelalters hatte Geldwirtschaft die Naturalwirtschaft weitgehend abgelöst. Ritter aus dem Niederadel hatten oft kein finanzielles Einkommen. Der Grund für

das stark verbreitete „Raubritter"- und Fehdewesen war die Armut der Ritter. Das langfristige Sinken der Preise für Agrarprodukte, die Teuerung für gewerbliche Produkte (u.a. Kleidung, Waffen) sowie der Rückgang der grundherrlichen Abgaben an die Ritter infolge des durch die Pest bedingten Bevölkerungsrückganges um 1350 führten zum wirtschaftlichen Niedergang der Ritterschaft.

Der als literarische Gestalt bekannte Götz v. Berlichingen (1480-1562) schrieb:

Hätten sie genug Geld [...], sie würden nie auf Raub ausgehen. Die Armut treibt sie zu Bösem [...]. Glaubt mir, ihr könntet es nicht ohne Tränen ansehen, wie die jungen Junker tagtäglich um Brot und Kleider kämpfen und sich Galgen und Rad aussetzen, um Not und Hunger zu verscheuchen. Sie halten es für ihr gutes Recht, dem Nachbarn Fehdebriefe zu schicken und was sie dann treiben dünkt sie noch recht und ehrenwert. Sie sind nicht blutdürstig. [...]. Nein, sie wollen gar nicht hoch hinaus. Sie wollen nur ihr tägliches Brot. Viele sog. „Raubritter" handelten durchaus im Bewusstsein, Recht zu haben und nahmen sich vom Nachbarn und von Kaufleuten, die ihr Gebiet passierten „nur" das, was ihnen zustand. Übergänge zur „Steuereinnahme" waren dabei durchaus fließend. Die neuere Forschung spricht inzwischen auch von „Raubfürsten" und „Raubbürgern", um das Handeln der Ritter am Ende des Mittelalters zu relativieren.

Die **Fehde** galt im Mittelalter, das kein staatliches Gewaltmonopol kannte, als legitime Form „privater Gewalt" und bot Adeligen die Möglichkeit, Rechtsansprüche außerhalb der Gerichte – die Gerichtskompetenzen waren stark zersplittert und ein übergeordnetes nationales Gericht fehlte – auf eigene Faust durchzusetzen. Auffällig ist die Diskrepanz zwischen der gut ausgebauten städtischen Gerichtsbarkeit und den vielfältigen außergerichtlichen Möglichkeiten der Konfliktregelung auf dem Land. Da in das Fehderecht wesentliche Elemente des von der adeligen Standesehre geschützten Gewohnheitsrechtes eingegangen waren (Fehde als ritterliches Privileg), ließ sich vielfach nicht eindeutig

entscheiden, ob eine Fehde als rechtmäßig oder nicht einzustufen war.

Die Landfriedensvereinbarungen des 12.-14. Jh. brachten keine entscheidende Einschränkung des Fehdewesens. Erst das im Kontext der „Verkündung des ewigen Landfriedens" verhängte Fehdeverbot und die Einrichtung des Reichskammergerichtes auf dem Reichstag zu Worms 1495 sollte sich im Laufe der nachfolgenden Jahrzehnte als geeignet zur Einschränkung des Fehdewesens erweisen. Burgen fiel in Fehden eine entscheidende Rolle zu, als befestigte Stützpunkte, von denen aus die fehdeführenden Parteien zu (beschränkten) kriegerischen Aktionen aufbrachen. Ziel war es, dem Gegner materiellen Schaden zuzufügen, so dass vielfach dessen Untertanen sowie Kaufleute unter den Übergriffen zu leiden hatten: Zu diesen gehörten Viehraub, die Vernichtung der Ernte, die Verwüstung von Weinbergen, unrechtmäßige Zollerhebung, Beschlagnahme von Kaufmannsware, Lösegelderpressung. Zahlreiche Sagen berichten davon!

Das Spätmittelalter war also eine unruhige, von zahlreichen größeren und kleineren kriegerischen Auseinandersetzungen geprägte Zeit. Verschuldung, Verarmung und der drohende Verlust der Standesqualität erhöhten die Bereitschaft der Ritter, sich bei der Durchsetzung ihrer Rechte der Fehde zu bedienen und sich durch den Missbrauch des Fehderechtes zusätzliche Einnahmequellen zu erschließen. Die Entführung wohlhabender Bürger aus Städten, denen ein Adeliger Fehde erklärt hatte, erwuchs oft aus der Hoffnung auf Lösegeld. Schließlich ergriffen Städte die Initiative: Städtebündnisse wie der Rheinische Städtebund wandten sich gegen „Raubritter" und Fehden.

Unsicherheit beherrschte das tägliche Leben. Der Ritter Ulrich von Hutten schrieb um 1520, sobald er aus dem Haus ginge, liefe er Gefahr, auf Leute zu stoßen, *mit denen der Fürst* [sein Dienstherr] *Fehden hat und die mich anfallen und gefangen wegführen. Habe ich Pech, so kann ich die Hälfte meines Vermögens als Lösegeld darangeben.* Er hielt sich daher Pferde, kaufte Waffen und umgab sich mit zahlreicher *Gefolgschaft, was alles ein schweres Geld kostet.* Dabei konnte er *keine zwei Äcker unbewaffnet gehen; wir dürfen keinen Bauernhof ohne Waffen besuchen, bei Jagd und Fischfang müssen wir eisengepanzert sein.* Selbst Streit zwischen Bauern konnte Fehde bringen. All das spielte sich auch zwischen *Verschwägerten, Verwandten, Vettern* und *Brüdern* ab.

Der als „der letzte Ritter" bezeichnete Franz v. Sickingen (1481-1523), ein begüterter, politisch einflussreicher Reichsritter aus der Pfalz, der mit dem Humanisten Ulrich v. Hutten befreundet und Befürworter der Reformation war, versuchte, den politischen Verfall der Reichsritterschaft aufzuhalten. Er fiel in der Sickingischen Fehde bei der Verteidigung seiner Burg Nannstein RP gegen ein Heer der Fürsten.

VI Kampf um Burgen: Angriff, Belagerung und Verteidigung

Burgenforscher des 19. Jh. – nicht selten waren es ehem. Militärs – interpretierten mittelalterliche Burgen als oft umkämpfte Wehrbauten, die ihr Umland militärisch „beherrschten". Erst in jüngerer Zeit setzten sich differenzierte Einschätzungen durch, wonach Burgen mehr oder weniger wehrhafte Wohnsitze des Adels mit großem Symbolgehalt waren, die meist nie eine Belagerung erlebten. Der ruinöse Zustand vieler Burgen geht nicht auf Kriegszerstörungen zurück: sie verfielen oder wurden in der Neuzeit abgebrochen.

Berichte über Belagerungen königlicher Landesburgen sowie Dynastenburgen liegen bereits für das 10./11. Jh. vor (BY: Theres, 906; Roßtal, 954; Oberammerthal, 1003; Chèvremont B 922, 939,

959; Hammerstein/Rhein 1020). Erfolglos war die Belagerung der Befestigung auf dem Hohentwiel bei Singen 915. Mehrere Burgbelagerungen sind auf dem berühmten, im späten 11. Jh. entstandenen Wandteppich von Bayeux dargestellt, dessen Bilderzyklus die Eroberung Englands durch die Normannen bis zur Schlacht bei Hastings schildert.

Für die Zeit seit dem späteren 11. Jh. gibt es eine zunehmende Zahl von Berichten über Burgbelagerungen. Zahlreich waren sie im Spätmittelalter und zu Beginn der Frühen Neuzeit. Überregional bekannt wurden die erfolgreichen Belagerungen der Burg Hohenkrähen BW 1512 durch den Schwäbischen Bund sowie die der Burgen Nannstein und Ebernburg des „letzten Ritters", Franz v.

Belagerung einer Motte, Darstellung auf dem Wandteppich von Bayeux, spätes 11. Jh. (Umzeichnung aus Piper 3/1912).

Sickingen, während der Sickinger Fehde 1523.

Der psychologische Faktor gehörte zu den wichtigsten Aspekten jeder Belagerung: Immer wieder ergaben sich Bela-

Kampf um eine Burg, Umzeichnung einer hochmittelalterlichen Darstellung (aus Piper 3/1912).

gerte, obwohl ausreichend Waffen und Proviant vorhanden waren. Die dauerhafte Ungewissheit über den nächsten Angriff, die Befürchtung, dem „Aushungern" zu erliegen, waren Gründe. Stark variierte die Länge von Burg-/Stadtbelagerungen. Die Verteidiger der Burg Nannstein übergaben diese 1523 nach 9 Tagen; die Besatzung der Burg Rheinsberg hielt sich 1279/80 fast ein Jahr lang, die der Burg Thurant RP 1246-48 etwa 2 Jahre. Nur wenige Burgen hielten einer förmlichen Belagerung stand, (Weißensee TH 1212; Rheinfels RP 1255).

Mittelalterliche Burgbelagerungen lassen sich mit neuzeitlichem Strategiedenken nicht erklären. Zwar waren Okkupations- und Garnisonsburgen ebenso wie viele befestigte Städte militärische Stütz-

punkte, anders die einfache Adelsburg. Beim Angriff auf eine solche galt es weniger, sie als militärischen Stützpunkt zu gewinnen, als vielmehr an die Burg gebundene Rechte mit Gewalt zu erlangen oder Herrschafts-/Verwaltungsstrukturen des Gegners auszuschalten. Einen großen Symbolwert – einem „Bildersturm" vergleichbar – hatte das Erobern und „Brechen" von Burgen: Die Burgruine im Landschaftsbild war ein augenfälliges Zeichen für die Macht der Sieger und die Ohnmacht der Unterlegenen, so, als die Eidgenossen im Schweizerkrieg 1499 im Hegau das *Burgenbrennen* praktizierten. Selten wurde eine eroberte Burg völlig zerstört und nicht wieder aufgebaut (Isenberg 1226; Bommersheim HE 1382; Tannenberg HE 1399). Nach der Einnahme der Burg Neuenahr RP 1372 wurde vertraglich festgelegt, dass sie nicht mehr aufgebaut werden durfte.

Einsatz einer Blide beim Kampf um eine Burg, Umzeichnung einer hochmittelalterlichen Darstellung (aus Piper 3/1912).

Belagerung einer Stadtbefestigung mit verschiedenem Belagerungsgerät, idealtypische, in Detail ungenaue Zeichnung von Eugène E. Viollet-le-Duc (1814-79).

Annäherung, die durch feuchte Häute oder Bleche gegen Brandgeschosse der Verteidiger geschützt waren. Im Schutze der *Katzen* konnten Arbeiten zur Mauerzerstörung ausgeführt werden. Wenn der Graben, das wichtigste Annäherungshindernis, überwunden war, konnte das **Stoßzeug** zum Einsatz kommen, der Ramm-/Sturmbock (*Widder*) mit einem waagerecht aufgehängten, an der Spitze

Belagerung der Stadt Rhódos durch ein türkisches Heer 1480. Holzschnitt aus der Chronik des Guillaume Caoursin, Ausgabe London 1496.

Bei einer Belagerung konnten, je nach Größe und Bedeutung des angegriffenen Objektes sowie Stärke und Ausstattung der Angreifer, verschiedenartige Geräte zum Einsatz kommen. Neben den gängigen Distanzwaffen Armbrust und Bogen – mit letzterem konnten Brandpfeile verschossen werden –, Sturmleitern und Brandsätzen gab es spezielle, zusammenfassend als *Antwerk* bezeichnete Belagerungsgeräte. Dazu gehörten **Katzen**, fahrbare hölzerne Hütten zur gedeckten eisenbeschlagenen Balken, der gegen die Palisade oder die Mauer geschwungen wurde, um diese zu durchschlagen.

Zur Zerstörung von Mauern wurde auch das **Wurfzeug** (u.a. *Blide, triboc*) eingesetzt, mit dem etwa 25-75 kg schwere Steinkugeln 300-500 m weit geschleudert werden konnten. 1212 belagerte Kaiser Otto IV. Stadt und Burg Weißensee TH; dabei kam ein *triboc* zum Einsatz, der mit Hilfe eines Gegengewichtes bis zu 75 kg schwere Steinkugeln über eine Entfernung von ca. 400 m schleuderte. Die Burg konnte trotz des Einsatzes der von Zeitzeugen als „Teufelsgerät" (*instrumentum diabolicum*) bezeichneten Waffe gehalten werden.

Einsatz einer Büchse (sog. Liegestück) hinter einem hölzernen Schutzschild, Umzeichnung einer spätmittelalterlichen Darstellung (aus Piper 3/1912).

Bis zum Beginn der Frühen Neuzeit kamen größere Wurfmaschinen – nicht selten zusammen mit Feuerwaffen (Mägdeberg BW 1378; Tannenberg HE 1399) – zum Einsatz. Neben dem großen *Wurf-*

zeug gab es die leichteren, nicht zum Beschuss von Mauern geeigneten *Mangen*, mit denen kleinere Steine geschleudert werden konnten. Sie galten als recht treffsicher.

Außer Steinen verschoss man mit Wurfmaschinen bisweilen, so Schriftquellen, Fäkalien, Aas, Leichen (während der Pestepidemien im Spätmittelalter), getötete Feinde oder deren Köpfe (Birgu M 1565), Abfälle oder Bienenstöcke, um Krankheiten zu verursachen und Verteidiger zu demoralisieren. Bei der Belagerung der Burg Karlstein CZ 1422 brachten die Hussiten Kloakenkot aus Prag und warfen ihn in die Burg. Mit ungelöschtem Kalk versuchte die Besatzung, die Infektionsgefahr zu reduzieren.

Bisweilen wurden Mineure oder Bergleute zur Anlage von **Belagerungsstollen** eingesetzt (Desenberg NRW 1168). Hohlräume, von außen unter die Burg vorgetrieben, brachte man zum Einsturz, um darüberstehende Mauern und Gebäude zu zerstören (Nellenburg BW 1291; Alt-Windstein/Vogesen 1332).

In Mitteleuropa selten waren hölzerne, fahrbare **Belagerungstürme** (*Wandelturm, Ebenhoch*), wie sie bei großen Belagerungen mancherorts zum Einsatz kamen, um Verteidiger aus einer überhöhten Stellung zu bekämpfen. Es sind Fälle bekannt, in denen Heere vorgefertigte Teile von Belagerungstürmen mitführten. Neben fahrbaren gab es auch fest installierte Belagerungstürme (Birgu M 1565). Sie stellten Bindeglieder zu Belagerungsburgen/–schanzen dar.

Bei aufwändigen, lang andauernden Belagerungen erbauten die Angreifer manchmal in Sicht- und Schussweite

Belagerung der Festung Hohentwiel (BW) 1641, während des 30-jährigen Krieges (Merian 1643).

Trutzburgen, die aus Holz und Erde bestanden (Thurant/Mosel 1246-48; Rheinberg/Wispertal 1279/80; Hohenfels HE 1351) oder als „richtige" Burg in Stein errichtet wurden, so Burg Trutzeltz beim Angriff auf Burg Eltz 1331/36. Trutzeltz, auf Veranlassung Erzbischof Balduins von Trier angelegt, umfasste einen Wohnturm und hatte über das Ende der Belagerung hinaus für längere Zeit Bestand. Trutzburgen sollten die belagerte Burg abriegeln. Von ihnen aus konnte diese aber oft auch direkt beschossen werden. Dabei kamen Bliden zum Einsatz, wie die Namen mancher Belagerungsburgen belegen (Bleidenberg bei Thurant/Mosel; Blideneck bei Rhein-

berg). Im Spätmittelalter entstanden dann mit Geschützen bestückte Belagerungsschanzen (Hohenkrähen BW 1512).

Die ältesten bekannten Nachweise für den Einsatz von **Feuerwaffen** in Europa stammen aus dem 1. V. 14. Jh. Noch vor dem Einsatz in Feldschlachten wurden sie anscheinend zu Belagerungen genutzt. Bei der Belagerung von Meersburg BW 1334 war der psychologische Effekt höher als der militärische Erfolg; wie Zeitgenossen berichten, fielen *viele Menschen beiderlei Geschlechts beim Hören des Schusses halbtot und ohnmächtig auf die Erde*. Nach 2-wöchiger Belagerung nahmen Truppen der schwäbischen Reichsstädte im Krieg gegen Württemberg 1378 Burg

Mägdeberg BW ein. Wurfmaschinen und Steinbüchsen – eiserne Kugeln kamen erst um 1415 auf – fanden dabei Verwendung. Die Stadt Konstanz besaß als eine der ersten Städte solche Waffen. Am Oberrhein lag ein Zentrum der Steinbüchsenherstellung. Bald nach der Eroberung der Burg Mägdeberg wurden solche Büchsen im Krieg Venedigs gegen Genua eingesetzt. Die Möglichkeit, mit Kanonen schwere Kugeln mit bis dahin unvorstellbarer Kraft und Zielgenauigkeit zu schießen, befähigte Angreifer ab dem Spätmittelalter, bei günstiger Schussposition Mauern zu zerstören, was bis dahin nur sehr beschränkt möglich gewesen war.

Gegen Feuerwaffen versuchte man sich ab dem 15. Jh. durch Festungen zu schützen, die gegenüber Burgen deutlich stärkere Wehranlagen besaßen und Möglichkeiten boten, selbst Geschütze aufzustellen. Aufwändige Ausbauten von Burgen und Städten zu Festungen konnten sich aber nur wohlhabende Bauherren (Bischöfe, Fürsten, Hochadelige) leisten.

Auf verschiedene Weise wurde versucht, Wehrbauten den neuen Waffen anzupassen. Oft sind solche frühen, vielfach eher improvisierten Anlagen zur Verteidigung mit bzw. gegen Feuerwaffen (Plattformen, hölzerne Erker) nicht mehr nachweisbar. Manche Wehrbauten zeigen veränderte Schießscharten: So wurden Schlitzscharten für Bogen und Armbrust zu Schlüsselscharten für Büchsen umgestaltet (Stadtbefestigungen Konstanz BW und Schaffhausen CH; Burg Bohlingen BW, wohl 1479). Zu den Sicherungsmaßnahmen gegen Beschuss mit Feuerwaffen gehörte mancherorts die Verbreiterung der Gräben, um die Distanz zum Angreifer zu vergrößern (Stadtbefestigungen Rhódos GR 1480/1522 und Überlingen BW). Auch größere Mauerstärken gehörten zu den Reaktionen auf mauerbrechende Feuerwaffen. Die Stadtmauer von Rhódos wurde zwischen 1309 und 1522 in einigen Bereichen von ca. 3 m auf 12 m verstärkt.

Eine wichtige Verteidigungswaffe blieben bis mindestens ins 17. Jh. **Wurfsteine**. Auch Dachziegel, Balken etc., waren bei entsprechender Abwurfhöhe tödliche Geschosse. Viele Angreifer wurden noch in der Frühen Neuzeit „erworfen".

VII Burgen-Romantik und -Rezeption im 19. und 20. Jahrhundert

1 Die preußische Burgen-Romantik

Nachdem Burgruinen bis in die Neuzeit vielfach von der umwohnenden Bevölkerung zur Gewinnung von Baumaterial als Steinbrüche ausgeschlachtet worden waren, fanden sie ab E. 18. und im 19. Jh. infolge der Romantik neues Interesse. In Schlossparks – Landschaftsparks, sog. Englischen Gärten – entstanden E. 18. Jh. künstliche Burgruinen (Kassel-Wilhelmshöhe HE; Pfaueninsel BE). Romantiker, Künstler und Literaten sahen in Burgen Sehnsuchtsorte und Symbole der Freiheit (Heidelberg BW).

Eine Schwerpunktregion der Burgen-Romantik wurde das Rheinland. Die (Mittel-)Rheinlandschaft – inkl. Eifel-Mosel-Gebiet – mit ihren Burgen wurde z. Zt. der preußischen Inbesitznahme der Rheinlande ein Hauptthema der Landschaftsmalerei. Nach dem siegreichen Ende der Befreiungskriege gegen Frankreich war das Mittelrheingebiet 1815 an Preußen gelangt. Innerhalb von ca. 25 Jahren erwarben der spätere König Friedrich Wilhelm IV. und andere Mitglieder des preußischen Königshauses viele rheinische Burgen. Im Zuge der rheinischen Kulturpolitik Preußens kam es zu mehreren als Burgen-„Wiederaufbauten" verstandenen Neuschöpfungen unter Einbeziehung historischer Bausubstanz. Initialbauten waren die Neuaufbauten der Burgen Rheinstein (1825-29), Stolzenfels (1836-42) und Sooneck (ab 1842). Damit begann im 2. V. 19. Jh. im zwischen Deutschland und Frankreich oft umkämpften, politisch wichtigen Rheinland eine „Wiederaufbau"-Welle. Die preußische Burgen-Romantik initiierte zuerst viele Ausbauten von Burgruinen, insbesondere am Mittelrhein und im Rheinland; später wurden auch viele Neubauten im „Gewand" mittelalterlicher Burgen erbaut. Der Umstand, dass die meisten Burgen Rheinpreußens Ende der 1680er Jahren durch französische Truppen zerstört worden waren, gab ihrem Erwerb und „Wiederaufbau" eine

St. Goar (RP), Burg-/Festungsruine Rheinfels (aus: William Tombleson, Views of the Rhine, um 1840).

nationale und gleichermaßen „antifranzösische" Bedeutung. An Rhein und Mosel folgten viele Bürgerliche dem Vorbild und ließen von Frankreich zerstörte Burgen neu aufbauen (Cochem/Mosel). Als bürgerliche Familiendenkmäler standen

Burgausbauten (Rheineck RP, ab 1832; Sinzig RP, 1854-58) sowie „Burg"- und Schlossneubauten im Banne der allgemeinen Burgenbegeisterung. Villen bildeten den größten Teil „bürgerlicher Burgen". Sie folgten in Form malerischer Baukomplexe mit Zinnen und Türmen vielfach dem Klischeebild von „der" mittelalterlichen Burg. Ähnliches galt für zahlreiche Industrie- und Zweckbauten sowie Verkehrsbauten (Brücken, Tunnel) des 19./20. Jh.

Trechtingshausen (RP), Burg Rheinstein nach dem Neuaufbau 1825-29 (aus: William Tombleson, Views of the Rhine, um 1840).

Den Ausbauten zur privaten Nutzung folgten „vom Volk" organisierte, meist vom lokalen Großbürgertum initiierte Burgausbauten (Burg an der Wupper, ab 1877). Im Sinne des historistischen Geschichtsbildes, dem Geschichte als inhaltliches Kontinuum individuell verschiedener Lebensformen galt, war das eigene gegenwärtige Handeln die Weiterführung eines großen Kulturzusammenhangs. „Unvollendete" historische Prozesse konnten demnach aufgegriffen und

fortgeführt werden. Deutlich wird das in den theoretisch fundierten sog. Nationalstilen Renaissance (ab 1860er Jahre) und Romanik; die durch das Interregnum „unterbrochene" Romanik wurde in Wilhelminischer Zeit (1888-1918) weitergeführt und im Sinne der Zeit „vollendet".

Es bleibt festzustellen, dass das Bürgertum den Adel entmachtete und beerbte. Das geschah materiell durch die Inbesitznahme historischer Burgen und ideell durch den Bau neuer „Burgen". Fehlende eigene Traditionen wurden durch die Übernahme etablierter Herrschaftsarchitekturen ersetzt, deren sinnfälligste Burgen und Schlösser waren: Architektur ist nicht allein Abbild gesellschaftlicher Gegebenheiten, vielmehr ist eine ihrer Aufgaben, gesellschaftliche Verhältnisse zu entwerfen.

Ein weiterer bedeutsamer Aspekt bürgerlichen Burgenbaus war das Bauen als produktiver Wirtschaftsfaktor. Zur Zeit, in der Grundstücke und Bauten zur Ware wurden, waren Burgen Handelsgut mit hohem Wert; viele wechselten während des 19. Jh. häufig den Besitzer. Die adelige Bauform führte zu einer auch materiell fassbaren höheren Wertigkeit. Die Burg als Architekturform hatte sich längst verselbständigt und losgelöst vom Ursprungszweck allgemeingültige symbolhafte Bedeutung gewonnen.

Nach der auf historische Baustile rekurrierenden Ausbauphase begann um 1900 – verstärkt in den 1920er Jahren – die mit dem Begriff Heimatschutz bezeichnete Phase, während der behutsamer mit historischer Bausubstanz umgegangen wurde und in der sogar einzelne historistisch ausgebaute Burgen „rückgebaut" wurden (Mayen RP, nach 1890 Neo-renaissance, 1918 unter Bezug auf ehem. barocken Zustand; Lahneck RP, im 19. Jh. nach dem Vorbild von Stolzenfels RP neugotisch mit Flachdächern, 1937 mit hohen verschieferten Dächern im Sinne des Heimatschutzes dem durch Merian überlieferten spätmittelalterlichen Zustand angeglichen).

2 Bürgerliche Burgen

Zum Bau an Burgen und Schlössern orientierter bürgerlicher Wohnsitze kam es in Deutschland vereinzelt schon im 18. Jh. Statusveränderung und Nobili-

tierung waren dann im 19. Jh. häufig Motive zum Erwerb und Ausbau einer Burg oder zum Neubau einer Villen-Burg, einer Villa in Burgform. In der Übernahme adeliger Architektur zeigte das Großbürgertum Reichtum und Anspruch auf politischen Einfluss. Nach dem Wiener Kongress 1815 und der politischen Neuordnung veräußerten Adelige viele Burgen und Schlösser. Sie wurden oft zur Handelsware mit Wertgewinn und erfuhren teils häufige Besitzerwechsel. In Nachahmung des Adels, der nach der Revolution von

Bad Breisig-Rheineck (RP), Burg Rheineck nach dem Neuaufbau ab 1832 (aus: William Tombleson, Views of the Rhine, um 1840).

Mayen (RP), Genovevaburg im Zustand des Neo-Renaissance-Ausbaues nach 1890 (oben) und nach dem "Rückbau" von 1918 (aus: Nachrichten aus der Rheinischen Denkmalpflege, Nr. 3/4, 1919, S. 18 und 19).

1848/49 seine Stellung durch Traditionserneuerung äußerlich festigen wollte, begannen Bürgerliche ihren Rang durch burgartige Wohnsitze darzustellen. Die Aneignung der adeligen Architekturform Burg/Schloss wurde Allgemeingut, wenn auch der Adel bis zum Ende der Monarchie seinen politischen Vorrang zumindest nominell behauptete. Das Großbürgertum versuchte, die Aristokratie zu imitieren und an Aufwand zu überbieten. Der 1848er Revolution folgte ein Wirtschaftswachstum, das u.a. daher rührte, dass Regierungen nun auf bürgerliche Unterstützung angewiesen waren. Die Staaten förderten Handel und Industrie. Banken, Privatunternehmen und Aktiengesellschaften entstanden. Durch den deutschen Sieg über Frankreich 1871 und die hohen Reparationszahlungen erhielt die Konjunktur erneut Auftrieb. Die Gründerjahre begannen, doch überwogen 1873-94 Krisenjahre. Im Drang zur Gesellschaftsspitze nutzte das Großbürgertum adelige Lebensformen und Architektur. Wie einst die Burg über dem Herrschaftsgebiet aufragte, so erhob sich nun die Fabrikantenvilla neben der Fabrik. Ab etwa 1870 wurden Versatzstücke aller „feudalen Stile" adaptiert.

Ein Hauptziel bürgerlichen Aufstiegs war die Erhebung in den erblichen Adelsstand, wie sie dem Dichter Joseph Viktor Scheffel (1826-86) 1876 gelang. Das wurde durch einen dem neuen Stand entsprechenden Wohnsitz mit dominantem Turm gezeigt (Radolfzell BW, Scheffelschlößle, 1878-79). Spätestens seit dem Bau des Steinschen Turmes in Nassau/Lahn 1814/17 für den Reichsfreiherrn Heinrich Friedrich Karl vom und zum Stein gehörte ein dominierender Turm, wie zuvor an mittelalterlichen Burgen, wieder zu den wichtigsten Bedeutungsträgern adeliger und bürgerlicher Wohnbauten, wie der den Steinschen Turm zitierende Turm des bürgerlichen Schlossneubaus anstelle der Burg Sinzig RP (1854-58) zeigt.

Die Verwendung von Burg-/Schlossformen und -elementen sollte ein Bauwerk aufwerten, ihm Symbolwert verleihen. Der Eindruck von „Wehrhaftigkeit" und damit von herrschaftlichem Status wurde erzielt durch eine „Einkleidung" des Bauwerks in Formen „aus der Zeit des Burgenbaues", d.h. durch Rückgriffe auf Stilelemente der Romanik und Gotik. Burg-Villen machten den größten Teil „bürgerlicher Burgen" aus. Mit Türmen, Zinnen und Erkern veranschaulichen sie die Klischees des 19. Jh. von mittelalterlichen Burgen. Gleiches gilt für Hotels und Gasthäuser, in denen sich der Gast als „König" fühlen sollte, ebenso für viele Industrie- und Gewerbebauten, Bahnhöfe (Gerolstein RP, um 1870/71, mit Turm und Zinnen) und anderen Eisenbahnbauten (Tunnelportale: Kyllburg RP mit Türmchen, Zinnen) sowie vielen weiteren Bauaufgaben.

Gegen Ende des 19. Jh. wurden zunehmend auch Renaissance- und Barockschlösser gesuchte Vorbilder für die Architektur der eigenen Zeit, um damit politische Ansprüche historisch zu legitimieren.

3 Burgen-Rezeption nach dem Ende der Monarchie (ab 1918)

Mit dem Ende der Monarchie 1918 folgte kein Bruch mit der Architekturform Burg als Symbol und Bedeutungsträger. Weiter wurden Burgen ausgebaut, so in den 1920er/-30er Jahren zu **Jugendburgen**, die als Jugendherbergen (JH) dienten (Stahleck/Rhein; Blankenheim/Ei-

fel). JH waren zuerst schlichte Unterkünfte für wandernde Jugendliche, initiiert von der um 1900 formierten Jugendbewegung, die der aus ihrer Sicht „erstarrten" bürgerlichen Gesellschaft neue Lebensgestaltungen, Gesellschaftskritik und Naturverbundenheit entgegensetzte (*Wandervogel* 1901; *Freideutsche Jugend* 1913). 1909 wurde die erste deutsche JH in Burg Altena NRW eingerichtet, die weltweit erste Jugendburg. In den folgenden 25 Jahren entstanden vie-

Hamburg, Villa Wentzel, 1881, eine neugotische bürgerliche Burg-Villa (aus: Schönermark 1888/89).

le weitere Jugendburgen. In die 1920er Jahre fielen mehrere, nach Maßgaben des Heimatschutzes durchgeführte Ausbauten von Burgen zu Jugendburgen. Der 1919 in der Burgruine Freudenkoppe/Neroth RP gegründete *Nerother Wandervogel* sah als „erste Aufgabe" den „Bau einer Jugendburg als Zentrum für den Rheinischen Wandervogel". Nach dem ersten Wandervogeltreffen auf Burg Waldeck/Hunsrück 1911 wurde diese im März 1920 zur „Rheinischen Jugend-

burg" bestimmt. 1920 wurde der Bund zur Errichtung der Rheinischen Jugendburg e.V. gegründet. Der Bund begann mit der Sammlung von Geld zum Bau. 1921 stieß der *Nerother Wandervogel* als „Jungenbund" dazu. Am selben Tag war auf Burg Drachenfels/Pfalz der *Nerother Wandervogel Deutscher Ritterbund e.V.* gegründet worden. 1922 war der Jugendburgbund in der Lage, das Baugelände seiner „Rheinischen Jugendburg" zu erwerben; 1922 zog die „Bauhütte Raben-

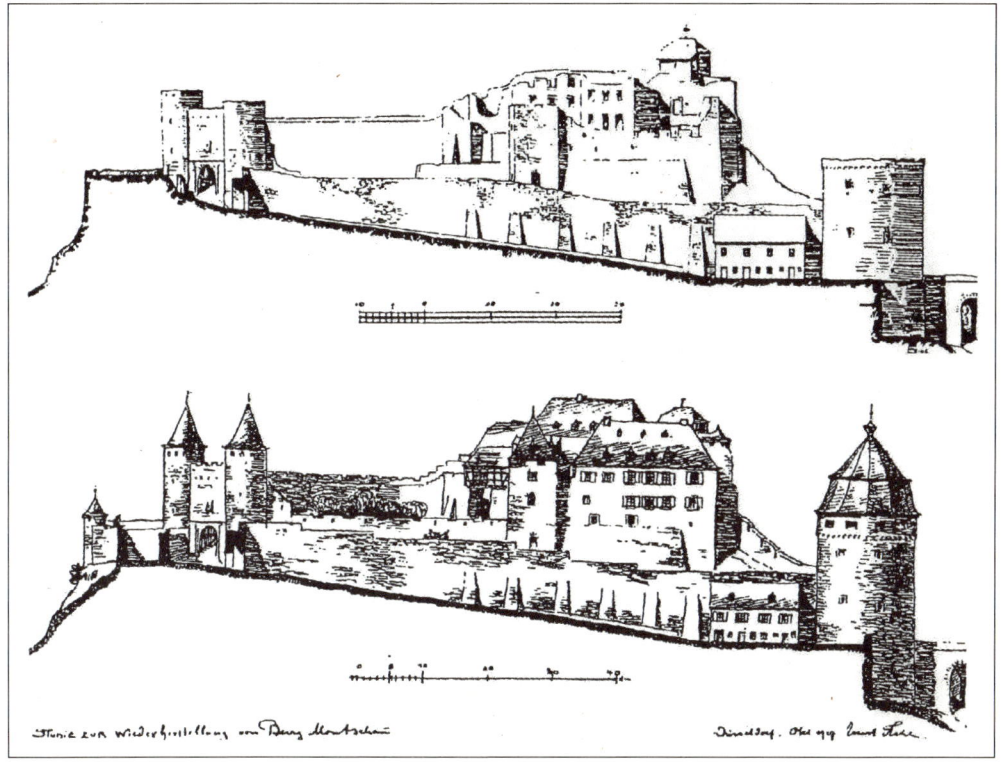

Monschau (NRW), Burg. Schnitt durch die Auffahrt zum Hochschloss, vor 1927, (oben) und Studie zum Ausbau der Burg als Jugendherberge, 1927 (Zeichnungen: Ernst Stahl, nach Kopien im Archiv der Deutschen Burgenvereinigung).

klaue" des Nerother Bundes auf Waldeck ein, um mit den Vorarbeiten zum Bau zu beginnen. 1922-24 lebten 8-10 Mitglieder der Bauhütte in der Burgruine. Ein Burggarten wurde geschaffen, verschiedene provisorische Räume hergerichtet (Bauhütte, Turm, Kapelle, Keller). Es folgten Auseinandersetzungen mit den Denkmalschutzbehörden, da die Pläne des Architekten Carl Buschhüter (1872-1956) keine Rücksicht auf mittelalterliche Baureste nahmen, sondern die Errichtung eines Phantasiegebildes vorsahen, das mit einer mittelalterlichen Burg wenig gemein hatte. Es folgte die Eingliederung des *Nerother Wandervogels* in den Jugendburgbund. 1926 zerstörte ein Brand auf Waldeck Akten und Dokumente des Bundes. Bis Juli entstand ein neues Fachwerkhaus. 1930 konnte das eigentliche Wohngebäude eingeweiht werden. Erst 1970 war der Westflügel der *Rheinischen Jugendburg* Waldeck im Rohbau fertig.

1935 löste Bundesführer Robert Oelbermann den Bund zur Errichtung der Rheinischen Jugendburg e.V. auf. 1936 wurde er auf Initiative der HJ verhaftet, 1941 starb er in Dachau. Die Jugendbewegung war durch den Nationalsozialismus aus-, z.T. gleichgeschaltet worden. Die Jugendburg-Idee wurden in der NS-Zeit aufgegriffen.

Neben Burgausbauten gab es bemerkenswerte Neuschöpfungen burgartiger Bauten: In Formen einer niederrheinischen Burg enstand das **Jagdgut** Hospelt/Eifel 1924-26 neben einer abgegangenen Burg. Gleichzeitig bestimmten moderne **Firmen- und Verwaltungshochhäuser** mit burghaften Silhouetten Groß-

städte der 20er Jahre; Hochhäuser wurden „Turmhäuser" genannt. Hier hatte die Burg als Hoheitsform oft den Zweck, die Arbeiter zum Aufschauen zu zwingen, das Verhältnis von Oben und Unten bildhaft zu machen und so die gesellschaftliche Position zu verdeutlichen. Der katholische Sozialpolitiker und Nationalökonom Oswald v. Nell-Breuning bezeichnete 1929 monumentale Fabrikbauten als „Zwingburgen des Kapitals".

Noch in der NS-Zeit (1933-45) entstanden explizit als „Burgen" bezeichnete Neubauten, so die **„SS-Ordensburgen"** Crössinsee, Sonthofen/Allgäu und Vogelsang/Eifel als Elite-Schulungsstätten der Partei. Bis auf Vogelsang, mit burgartiger Fernwirkung und beherrschendem Turm, übernahmen sie kaum Formen und Erscheinungsbild mittelalterlicher Burgen; man rekurrierte auf die assoziative Wirkung der Bauform Burg, der fälschlich ein „germanischer Ursprung" unterstellt wurde. Benennungen einzelner Bauten als „Pallas" betrafen Architekturformen, die eine Synthese zwischen Neuem Bauen und Heimatstil darstellen. Die Bauplätze der „SS-Ordensburgen" waren sorgfältig ausgewählt. So war Vogelsang – Ausbildungsstätte für 800 „Ordens-Junker", vorgesehen als künftige Führungskräfte des Staates – als „Landskrone" an der Westgrenze des Reiches angelegt. Burgelemente wie der dominierende Turm oder das zyklopische Mauerwerk sollten den Bau, losgelöst vom Wehrzweck mittelalterlicher Burgen, zum „Monument einer starken, stolzen Haltung" machen und zudem Ausdruck der „lebendigen Gegenwart" sein. In diesem Kontext gehört auch die **„Gau-**

Ritter in spätmittelalterlicher Rüstung und SS-Mann zu Pferde vor der Kulisse der NS-"Ordensburg" Vogelsang/Eifel (NRW), zeitgenössische Propaganda-Darstellung.

schulungsburg" Starnberg BY (Plan 1938f).

Viele **Kasernen** der 1930er Jahre rekurrierten auf Burgen: Ein monumentaler Rundturm, der einen Geschützturm des 16. Jh. (s. Kufstein A) assoziieren soll, prägt das Bild der Gebirgsjägerkaserne Berchtesgaden BY (1937f), ein Torturm das der Gebirgsjägerkaserne Mittenwald BY (1937f). Die als „Kastelle" bezeichneten SS-Kasernen am Rande von München (ab 1942) wirkten mit Turmrisaliten wie eine Stadtbefestigung, verstärkt wurde die Wirkung durch vorgelegte Wasserbecken als Wassergrabenassoziation und in Verbindung mit der Autobahnbrücke stehende Tortürme. Darüber hinaus wurden Burgen und Festungen im Sinne des Systems umgestaltet und -gewidmet, so die Marienburg/Nogat PL zur NS-"Ordensburg" oder die Wewelsburg NRW zur „Reichsführerschule der SS". Beide sollten für die neuen Funktionen umfangreich erweitert werden. Die Festung

Lichtenau BY wurde zum Reichsarbeitsdienstlager „Eiserner Kanzler". Die Schwarzburg TH sollte „Reichsgästeheim" werden.

Zu den burgrezipierenden Bauten der 1930er Jahre zählen auch städtische **Hochbunker** (München; Trier) und Autobahnbrücken-Türme.

„Totenburgen", in denen gefallene Soldaten „ewige Wacht" halten sollten, waren sinnfällige Bauten der NS-Zeit (Freikorps-Ehrenmal Annaberg; Bitolj). In jenen Ideenkreis gehörten schon Kriegsdenkmäler der 20er Jahre (Reichsehrenmal Tannenberg).

Kirchen der 1920er/30er Jahre tradieren vereinzelt die Idee von der **„Gottesburg"**, so die Reformations-Gedächtniskirche in Nürnberg-Maxfeld (1938).

Die Architekturform Burg besaß also nach 1918, verstärkt seit Beginn der 30er Jahre, eine große Wertigkeit als Bedeutungsträger bzw. Topos. Sie konnte als Großform (in der Kombination von Baukörpern: Fern- und Silhouettenwirkung), in Form einzelner Baukörper (dominierender Turm; Rondell etc.) oder in Form einzelner Versatzstücke in Anspruch genommen werden.

4 Burgen in unserer Zeit

Die nationalsozialistische Vereinnahmung mittelalterlicher Burgen u.a. als Symbole „deutscher Wehrhaftigkeit" war noch lange nicht das letzte Kapitel der Burgenrezeption. Weiterhin sollte die Verwendung adeliger Architekturformen und -elemente Eigner, Bewohner oder

Nutzer burgrezipierender Gebäude, etwa Villen und Wohnäuser, symbolisch aufwerten. Gleiches gilt für Hotelgäste, denen suggeriert wird, als Gast seien sie „König". Eine simple, durchschaubare, aber offenbar effektive Methode, Status auf Zeit zu (v)erkaufen. Die gleiche Absicht ist bei der Umnutzung historischer Burgen und Herrenhäuser zu Hotels und Ferienhäusern sowie bei der Benennung von Hotels mit solchen Namenszusätzen wie „Castle" etc. zu unterstellen. Insofern sei hier pars pro toto der Blick auf Hotels gerichtet, nicht ohne vorab darauf hinzuweisen, dass große Urlaubshotels im Volksmund als „Bettenburgen" bezeichnet werden.

Unter einem „Hôtel" verstand man in der Frühen Neuzeit ein palastartiges Stadthaus eines höheren Staatsbeamten oder einer Adelsfamilie. Umgangssprachlich fand die Bezeichnung für große öffentliche Gebäude Verwendung, etwa *Hôtel-Dieu* (Hospital) oder *Hôtel de ville* (Rathaus). Ende des 19. Jh. bezeichnete das Wort Hotel ein Gasthaus. In Hotels und Warenhäusern des 19. Jh. wurden Schlossfunktionen neu definiert, indem der Gast bzw. Kunde zum „König" und als solcher dort „bedient" wurde. Dieses Bild hat bis heute Gültigkeit. Immer noch finden Burgzitate und -versatzstücke Verwendung an Hotelbauten, die dadurch aufgewertet, gleichsam „aristokratisiert" werden sollen; das ist bei vielen Ferienhotels seit den 1980er Jahren verstärkt zu beobachten, ebenso die Tendenz, Burgen, Schlösser, Herrenhäuser und ähnliche Bauten zu Hotels zu machen. Viele Hotel-Namen suggerieren eine „Aristokratisierung" der Gäste (Beispiele: Burg-,

Palast-, Schlosshotel, Residenz, Regina, Majestic, Imperial, Königshof, Fürstenlager, Royal, Regence/Regency, auch Namenszusätze wie Castle, Palace, Villa, Prinz, Princessa etc.). „Wirtschaftliches Eigeninteresse und eine Neubewertung des Individuums führten [...] zu einer Ausnützung der Wirkungsweise traditionell herrscherlicher Architektur. Diese Übernahme von Strukturelementen der Ganzheit ‚Schloss' [bzw. ‚Burg'] reichte vom Grundriss über die bedachte Auffahrt, über Vestibül und Treppe bis zur Zimmerausstattung mit einem erhöht stehenden, durch einen Baldachin oder Himmel ausgezeichnetes Bett" (Richter/Zänker 1988). Neben den Namen sind es inzwischen wieder Burgversatzstücke, die aus Hotels – v.a. in der Ägäis – „Burgen" und „Paläste" machen: Oft sind es lediglich Miniatur-Zinnen auf einem ansonsten gesichtslosen Betonbau, welchen Urlaubskatalogtexter als „ansprechende Hotelanlage, die von außen wie eine Burg mit Türmchen aussieht" anpreisen. Türme mit Zinnen, „Wehrgängen" und Pfefferbüchsen entstanden in den letzten Jahren mehrfach innerhalb größerer Hotelkomplexe auf der griechischen Ferieninsel Rhódos (s. Losse 2002).

Türme und Zinnen sind die häufigst verwendeten Burgelemente an heutigen Villen und Hotels sowie an Restaurants und Discotheken in Urlaubsorten. Sie hatten bereits im Mittelalter neben fortifikatorischer Bedeutung zeichenhaften Charakter, wie schon berichtet wurde. „Bleibt eine Form losgelöst vom Zweck bestehen, lebt sie verselbständigt und monumentalisiert weiter, und wird sie gar in einen anderen Kulturzusammenhang über eine größere Epoche hinweg rezipiert, dann kann angenommen werden, dass sie nun gleichnishaft etwas vertritt und eine Bedeutung angenommen hat", meinte schon Günter Bandmann (1951). Versicherungen versprechen uns „Schutz und Sicherheit im Zeichen der Burg" (Nürnberger Versicherungsgruppe) oder führen diese im Firmenlogo (HUK Coburg; Nürnberger Versicherungsgruppe).

Trotz allen Bedeutungswandels von Burgen und Änderungen in der Wertschätzung dieser Adelsbauten haben diese so oft landschaftsprägenden Bauten selbst für unsere Zeit vielfach noch bzw. wieder eine hohe Bedeutung, wenn auch oft romantisch verklärt bis verkitscht: Es sei an sog. „Ritteressen" und (Pseudo-) „Mittelaltermärkte" erinnert, die mit mittelalterlichen Realitäten kaum etwas gemein haben und auf denen mehr oder – weit eher – weniger authentisch „Gewandete" mit dem Mobiltelefon in der Hand und der Zigarette im Mundwinkel vor Imbissständen anstehen, an denen Pommes Frites – die Kartoffel war im Hochmittelalter in Mitteleuropa noch nicht bekannt! – verkauft werden. In anderen Kreisen der Gesellschaft wurden und werden Burgen hingegen per se infolge unreflektierter politischer Klischees als Sinnbilder „adeliger Unterdrückung" fehlinterpretiert und Besucher/-innen solcher „Mittelaltermärkte" ebenso wie die Anhänger der sog. „Mittelalter-Rock"-Szene diffamierend als „Ewig-Gestrige" kategorisiert.

Innerhalb der Hard-Rock- und Heavy-Metal-Szene sowie in der teils verwandten Gothic-Szene ist tatsächlich die breiteste und intensivste Burgenrezeption zu beobachten: Die Metal-Szene, die sich überwiegend als unpolitisch und trendunabhängig versteht, zeigt bei oberflächlicher Betrachtung eskapistische Tendenzen, doch ist Gegenwartsflucht fast immer symbolisch gemeint: Geschichte, „das Mittelalter", Burgen und historische Orte sind wichtige Dimensionen im Metal. Viele Metal-Konzeptalben sind historischen oder fiktiven „mittelalterlichen" Themen gewidmet (z.B. Siegfried [A]: *Nibelung*). Burgen dienen als Kulissen für Band-Fotos (z.B. für die Bands Emerald [CH], Immortal [N], Amon Amarth [SWE], Molly Hatchet [USA]); sie sind vielerorts gesuchte Festival- und Konzertorte (z.B. Berlin-Spandau, Zitadelle: *Zita-Rock*; Mühlheim a.d. Ruhr, Schloss Broich: *Castle Rock* und *Burgfolk*). Burgen können Hauptthemen von Liedern (Festung Nebelburg [D]: *Die Sage von Burg Weißenstein*, 2007; XIV Dark Centuries [D]: *Our Mighty Fortress [Castrum Haltinberc]*; *Die Drei Gleichen*, 2002) oder bloße Motive sein (z.B. Frei.Wild [I]: *Südtirol*, 2009).

Metaphorisch deutbar sind auf Burgen und Festungen verweisende Band-Namen (Dark Fortress; Festung Nebelburg; Fortress under Siege [GR]). Im Death und Black Metal sind bis zur Unleserlichkeit stilisierte, ornamentale Schriftzüge der Bandnamen üblich; den der Band Dark Fortress überragt eine stilisierte, vieltürmige Burg. Dem wichtigen visuellen

Aspekt des Metal entsprechend legen Musiker viel Wert auf die Gestaltung der CD-Cover/-Booklets, auf denen oft Burgen abgebildet sind, manchmal eingebunden in eine individuelle Ikonographie (Mystic Prophecy [D/GR]: *Fireangel*, Titelbild: Burg Cochem/Mosel; Haggard [D]: *Tales of Ithiria*, 2008: Burg Heidenreichstein/Österreich, brennend, davor ein erschlagener Kämpfer; Rammstein [D]: *Rosenrot*, 2005, im vierteiligen Polyptychon des Booklets: Schloss Neuschwanstein in einer Polarszenerie im Hintergrund eines aufgelaufenen Schiffes).

Burgen, Schlösser und Festungen sind für viele Fans Sehnsuchtsorte und Symbole einer besseren, aufrichtigeren Zeit. Sie stehen damit v.a. in der Traditionslinie der Burgenromantik (18./19. Jh.) und des Historismus (19./20. Jh.), doch gibt es auch Querverbindungen zur gegenwärtigen Fantasy-Literatur, zu Fantasy-Filmen und Computer-Spielen.

Burgen werden sicher immer eine große Faszination auf die Menschen ausüben. Insofern sei hier abschließend der spanische Philosoph, Soziologe und Essayist José Ortega y Gasset (1883-1955) zitiert, der meinte: „Burgen sind Natur und Geschichte in einem. Ihre Anwesenheit steigert die Landschaft und verwandelt sie zur Szenerie. Die Synthese von Natur und Menschenwerk wird immer die heimliche Liebe aller jener Seelen haben, die nicht in einem engen Rationalismus erstarrt sind."

Literaturauswahl

ATZBACH, Rainer: Ritter. Die militia christiana als Lebensform im Mittelalter. In: Kai Thomas PLATZ/Konrad BEDAL (Hg.): Ritter, Burgen und Dörfer. Mittelalterliches Leben in Stadt und Land. Gebietsausschuß Fränkische Schweiz. Tüchersfeld 1997 (Ausstellungskatalog).

ATZBACH, Rainer/LÜKEN, Sven/OTTOMEYER, Hans: Burg und Herrschaft (Ausstellungskatalog), Deutsches Historisches Museum, Berlin. Dresden 2010.

BANDMANN, Günter: Mittelalterliche Architektur als Bedeutungträger. Berlin 1951.

BERNS, Wolf-Rüdiger: Burgenpolitik und Herrschaft des Erzbischofs Balduin von Trier (1307-1354). Sigmaringen 1980.

BILLER, Thomas: Die Adelsburg in Deutschland. Entstehung, Gestalt, Bedeutung. München 1998.

BILLER, Thomas/GROßMANN, G. Ulrich: Burg und Schloss. Der Adelssitz im deutschsprachigen Raum. Regensburg 2002.

BODSCH, Ingrid: Burg und Herrschaft. Zur Territorial- und Burgenpolitik der Erzbischöfe von Trier im Hochmittelalter bis zum Tod Dieters von Nassau (†1307). Boppard 1989.

BÖHME, Horst Wolfgang (Hg.): Burgen der Salierzeit, Teil 2: In den südlichen Landschaften des Reiches (Römisch-Germanisches Zentralmuseum, Forschungsinstitut für Vor- und Frühgeschichte, Monographien, Bd. 26). Sigmaringen 1992.

BÖHME, Horst Wolfgang: Burgen der Salierzeit in Hessen, in Rheinland-Pfalz und im Saarland. In: BÖHME 1992, S. 7-80.

BORNHEIM GEN. SCHILLING, Werner: Rheinische Höhenburgen. 3 Bde. Neuss 1964.

BORST, Arno: Lebensformen im Mittelalter. Frankfurt/M. 1979.

BORST, Otto: Alltagsleben im Mittelalter. Frankfurt/M. 1983.

BOXLER, Heinrich/MÜLLER, Jörg: Burgenland Schweiz. Bau und Alltag. Solothurn 1990.

BUMKE, Joachim: Ministerialität und Ritterdichtung. München 1976.

BUMKE, Joachim (Hg.): Höfische Kultur. Literatur und Gesellschaft im hohen Mittelalter. 3. Aufl. München 1986.

Deutsche Burgenvereinigung (Hg.). Burgen in Mitteleuropa. Ein Handbuch. 2 Bde. Hrsg. Horst Wolfgang BÖHME/Busso von der DOLLEN/Dieter KERBER. Stuttgart 1999.

DURDIK, Tomáš: Kastellburgen des 13. Jahrhunderts in Mitteleuropa. Wien 1994.

DURDIK, Tomáš: Encyklopedie eských hrad . Prag 1996.

EBHARDT, Bodo: Der Wehrbau Europas im Mittelalter. 3 Bde. Neudruck Würzburg 1998 [in vielen Aspekten veraltet, doch von forschungsgeschichtlichem Interesse].

FABINI, Hermann: Atlas der siebenbürgisch-sächsischen Kirchenburgen und Dorfkirchen. Bd. 1. 3. Aufl. Hermanstadt (Sibiu) 2002.

Frontinus-Gesellschaft e.V./Landschaftsverband Rheinland/Rheinisches Amt für Bodendenkmalpflege (Hg.): Wasser auf Burgen im Mittelalter (Geschichte der Wasserversorgung, Bd. 7). Mainz 2007.

GREBE, Anja/GROßMANN, G. Ulrich: Burgen in Deutschland, Österreich und der Schweiz. Architektur und Alltag (Imhof-Kulturgeschichte). Petersberg 2007.

GROßMANN, G. Ulrich: Burgen in Europa ...

GROßMANN, G. Ulrich (Hg.): Mythos Burg (Ausstellungskatalog), Germanisches Nationalmuseum, Nürnberg. Dresden 2010.

HERRMANN, Christofer: Wohntürme des späten Mittelalters auf Burgen im Rhein-Mosel-Gebiet (Veröffentlichungen der Deutschen Burgenvereinigung. Reihe A: Forschungen, Bd. 2). Espelkamp 1995.

HERZOG, Harald: Rheinische Schloßbauten im 19. Jahrhundert. Köln 1981.

HERZOG, Harald: Burgen und Schlösser. Geschichte und Typologie der Adelssitze im Kreis Euskirchen. Köln 1989.

HINZ, Hermann: Motte und Donjon. Zur Frühgeschichte der mittelalterlichen Adelsburg (Zeitschrift für Archäologie des Mittelalters, Beiheft 1). Köln 1981.

HOFRICHTER, Hartmut (Hg.): Die Burg – ein kulturgeschichtliches Phänomen. Stuttgart 1994.

HOTZ, Walter: Kleine Kunstgeschichte der deutschen Burg. Darmstadt 1975.

JANSSEN, W.: Burg und Territorium am Niederrhein im späten Mittelalter. PATZE 1974, I, S. 283-324.

KNAPPE, Rudolf: Mittelalterliche Burgen in Hessen: 800 Burgen, Burgruinen und Burgstätten. Gudensberg-Gleich 3/2000.

KOCH, Karl-Heinz/SCHINDLER, Reinhard: Vor- und frühgeschichtliche Burgwälle des Regierungsbezirkes Trier und des Kreises Birkenfeld (Trierer Grabungen und Forschungen, 13.2). Trier 1994.

LIESSEM, Udo: Bemerkungen zu einigen Burgen der Salierzeit im Mittelrheingebiet. In: BÖHME 1992, S. 81-112.

LOSSE, Michael: Bürgerliche Burgen. Beispiele bürgerlicher Herrschaftsarchitekturen des Rheinlandes, dargestellt unter besonderer Berücksichtigung des Wiederaufbaus mittelalterlicher Burgen (Magisterarbeit). Marburg/Lahn 1991.

LOSSE, Michael: Die Johanniter-Ordensburg ‚Kástro tís Panajías‘ bei Plátanos (Insel Léros/Griechenland) und ihre Bedeutung im Kontext der frühen Bastionärbefestigungen in der Ägäis. In: Marburger Correspondenzblatt zur Burgenforschung, 1. Jg., Heft 1, 1997/98, S. 41-51.

LOSSE, Michael: Nicht ohne einen *„gewissen historischen Wert...“* Anmerkungen zum Umgang mit und zur Rezeption von Burgen und Schlössern im Hegau vom 17. Jahrhundert bis zum ersten Drittel des 20. Jahrhunderts. In: Hegau, 57/2000, S. 1-56.

LOSSE, Michael: Die Johanniter-Ordensburg bei Monólithos (Insel Rhódos) und die Ordensburg-Typen in der Ägäis (1307-1522). In: Forschungen zu Burgen und Schlössern, 6, 2001, S. 277-286.

LOSSE, Michael: Burgen als zentrale Orte im ägäischen Ordensstaat der Johanniter (1307 bis 1522). Zentralfunktionale Aspekte der „Castellania" und der Ordensburgen auf den griechischen Dodekanes-Inseln und an der kleinasiatischen Küste. In: SCHOCK-WERNER/HOFRICHTER 2001, S. 45-53.

LOSSE, Michael: *„[...] wie eine Burg mit Türmchen".* Burg und Schloß als Motive in der Architektur des 19. und 20. Jahrhunderts in der Ägäis, insbesondere auf den Dodekanes-Inseln. In: Heiko LAß (Hg.): Mythos – Metapher – Motiv. Untersuchungen zum Bild der Burg seit 1500 (*k&k* Studien zur Kunst- und Kulturgeschichte, hrsg. von Marc Rohrmüller, Bd. 2). Alfeld/Leine 2002, S. 67-98.

LOSSE, Michael: Theiss Burgenführer Hohe Eifel und Ahr. Stuttgart 2003.

LOSSE, Michael [Text]/NOLL, Hans [Fotos]: Burgen, Schlösser und Festungen im Hegau. Wehrbauten und Adelssitze im westlichen Bodenseegebiet. 2., teils aktualisierte und ergänzte Aufl. Singen (Hohentwiel) 2006.

LOSSE, Michael: Die Lahn. Burgen und Schlösser. Von Biedenkopf und Marburg über Gießen, Wetzlar und Weilburg bis Limburg, Nassau und Lahnstein. Petersberg 2007.

LOSSE, Michael: Die Mosel. Burgen, Schlösser, Adelssitze und Befestigungen von Trier bis Koblenz. Petersberg 2007.

LOSSE, Michael: Unternehmerburgen in der Eifel. Motive Bürgerlicher zum Erwerb und Ausbau mittelalterlicher Burgen (1815-1926). In: Uta HASSLER/Norbert NUßBAUM (Hg.): Ein Haus für ein Unternehmen. Thyssen und Landsberg. Hrsg. vom Institut für Denkmalpflege und Bauforschung der ETH Zürich & der Abteilung Architekturgeschichte des kunsthistorischen Instituts der Universität zu Köln. Mainz und Zürich 2007, S. 52-67.

LOSSE, Michael: Frühe Bastionen an Wehrbauten der Johanniter in der Ägäis: Das Beispiel des „Kástro tís Panajiás" bei Plátanos (Insel Léros). In: Zwinger und Vorbefestigungen. Tagung vom 10. bis 12. November 2006 auf Schloss Neuenburg bei Freyburg (Unstrut). Hrsg. im Auftrag der Landesgruppen Sachsen, Sachsen-Anhalt und Thüringen der Deutschen Burgenvereinigung e.V. von Heinz Müller und Reinhard Schmitt (Veröffentlichungen der Landesgruppen Sachsen, Sachsen-Anhalt und Thüringen der Deutschen Burgenvereinigung e.V.). Langenweißbach 2007, S. 63-72.

LOSSE, Michael: *„Keck und fest, mit senkrechten Mauertürmen ... wie eine Krone".* Burgen, Schlösser und Festungen an der Ahr und im Adenauer Land. Regensburg 2008.

LOSSE, Michael: Burgen und Städte im ägäischen Ordensstaat der Johanniter (1306/07-1522). In: PIANA 2008, S. 467-480.

LOSSE, Michael: Wacht- und Wohntürme aus der Zeit des Johanniter-Ordens (1307-1522) auf der Ägäis-Insel Rhódos (Griechenland). In: Burgen und Schlösser, 4/2009, Themenheft: Castles and Towns of the Crusader Period in the Eastern Mediterranean – Burgen und Städte der Kreuzzugszeit im Vorderen Orient, S. 245-261.

LOSSE, Michael/PIANA, Mathias: Kreuzfahrer-Burgen auf der Peloponnes und im übrigen Griechenland. In: PIANA 2008, S. 456-466.

LOSSE, Michael/BODE, Gabriele Nina/STRICK-HAUSEN, Gerd/ZEUNE, Joachim: Die Baugestalt der mittelalterlichen Burg: Formen und Typen im Überblick. In: Deutsche Burgenvereinigung (Hg.). Burgen in Mitteleuropa. Ein Handbuch. Stuttgart 1999, Bd. 1, S. 182-191.

LÜCKERATH, Carl August: Burgen des Kölner Erzstiftes als Herrschaftsinstrumente (um 1200). In: SCHOCK-WERNER/HOFRICHTER 2001, S. 65-72.

MAINZER, Udo: Stadttore im Rheinland. Neuss 1976.

MECKSEPER, Cord: Ausstrahlungen des französischen Burgenbaues nach Mitteleuropa im 13. Jh. In: Beiträge zur Kunst des Mittelalters. Festschrift für H. Wentzel zum 60. Geburtstag. Berlin 1975, S. 135-144.

MEHRING, F. E. von: Geschichte der Burgen, Ritter Güter, Abteien und Klöster des Rheinlandes. Köln 1831-61 [veraltet, doch von forschungsgeschichtlichem Interesse].

MESQUI, Jean: Chateaux forts et fortifications en France. Paris 1997.

NEUMANN, Hartwig. Festungsbaukunst und Festungsbautechnik. Koblenz 1988.

OTTERSBACH, Christian: Befestigte Schlossbau-ten im Deutschen Bund. Landesherrliche Repräsentation, adliges Selbstverständnis und die Angst der Monarchen vor der Revolution 1815-1866. Petersberg 2007.

PATZE, Heinz: Die Burgen im deutschen Sprachraum. Ihre rechts- und verfassungsgeschichtliche Bedeutung. 2 Bde. Stuttgart 1976.

PIANA, Mathias (Hg.): Burgen und Städte der Kreuzzugszeit (Studien zur internationalen Architektur- und Kunstgeschichte, 65). Petersberg 2008.

PIPER, Otto: Burgenkunde. Bauwesen und Geschichte der Burgen (Nachdruck der verbesserten und erweiterten 3. Aufl. von 1912). Frankfurt und München 1967.

Reclam Wörterbuch der Burgen, Schlösser und Festungen. Hrsg. von Horst Wolfgang BÖHME, Reinhard FRIEDRICH, Barbara SCHOCK-WERNER. Stuttgart 2004.

RICHTER, Wolfgang/ZÄNKER, Jürgen: Der Bürgertraum vom Adelsschloß. Aristokratische Bauformen im 19. und 20. Jahrhundert. Reinbek 1988.

SCHOCK-WERNER, Barbara/HOFRICHTER, Hartmut (Hg.): Zentrale Funktionen der Burg. Braubach 2001.

SCHÜTTE, Ulrich: Das Schloß als Wehranlage. Darmstadt 1994.

SPITERI, Stephen C.: Fortresses of the Cross. Hospitaller Military Architecture (1136-1798). Qormi (Malta) 1994.

STEVENS, Ulrich: Burgkapellen im deutschen Sprachraum. Köln 1978.

TEXTOR, Fritz: Entfestigungen und Zerstörungen im Rheingebiet während des 17. Jh. als Mittel der französischen Rheinpolitik, Bonn 1937.

ZEUNE, Joachim: Burgen – Symbole der Macht. Ein neues Bild der mittelalterlichen Burg. Regensburg 1996; 2. Aufl. Regensburg ...

ZIMMER, John: Die Burgen des Luxemburger Landes. 2 Bde. Luxemburg 1996.

Abbildungsnachweis

Archiv Deutsche Burgenvereinigung: S. 55 (Mitte), 57, 72 (unten links), 117. Archiv Verfasser: S. 31. Zeichnungen von Ralf Schrage (teils nach Vorlagen von Uwe Frank): S. 46, 68 (rechts), 69 (links), 90 (links).

Aus Quellen und Literatur:

Magnus BACKES: Burgen und Schlösser an Mosel und Saar (Die Burgenreihe, 2). Neuwied, 2. Aufl. 1964: S. 53. – R. W. BILLINGS: The Baronial and Ecclesiastical Antiquities of Scotland. 1901: S. 5, 54 (links). – Heinrich BOXLER/Jörg MÜLLER: Burgenland Schweiz. Bau und Alltag. Solothurn 1990: S. 94 (rechts). – Georg BRAUN/Franz HOGENBERG: Civitates orbis terrarum, 1572ff: S. 25 (rechts), 38, 58 (unten). – Paul CLEMEN: Die Kunstdenkmäler des Kreises Euskirchen (KD Rheinprov. 10, 2). Düsseldorf 1900: S. 52 (unten). – Eberhard DOBLER: Burg und Herrschaft Mägdeberg. Singen (Hohentwiel) 1959: S. 71 (links unten), 77 (rechts oben). – Tomáš DURDÍK: Ilustrovaná encyklopedie Českých hradů. Dodatky. Prag 2002: S. 23. – Hermann FABINI: Atlas der siebenbürgisch-sächsischen Kirchenburgen und Dorfkirchen. Bd. 1. 3. Aufl. Hermanstadt (Sibiu) 2002: S. 39. – Rolf GENSEN: Althessens Frühzeit. Frühgeschichtliche Fundstätten und Funde in Nordhessen. Wiesbaden 1979: S. 17 (rechts), 18. – Joachim GERHARDT/ Heinrich NEU/Edmund RENARD/Albert VERBEEK: Die Kunstdenkmäler des Kreises Ahrweiler. Düsseldorf 1938: S. 75. – G. Ulrich GROßMANN: Schloss Marburg. Burgen, Schlösser und Wehrbauten in Mitteleuropa. Bd 3. Regensburg 1999: S. 22 (Zeichnungen von Elmar Altwasser, mit freundl. Genehmigung des Urhebers). – Arndt HARTUNG: Pfälzer Burgenbrevier. Aufbaustudien von Architekt Arndt Hartung mit einer geschichtlichen Skizze von Dr. Ing. Walter Hartung. Landau 1967: S. 20, 48, 57 (rechts). – M. HESSELBACHER, in: Nachrichtenblatt der Denkmalpflege in Baden-Württemberg, 6, 1963: S. 24. – Uvo HÖLSCHER: Die Kaiserpfalz Goslar (Beiträge zur Geschichte der Stadt Goslar, 43). Nachdruck der Ausgabe von 1927 mit einer Einführung von Martin Möhle, Bielefeld 1996: S. 59. – Rudolf KNAPPE: Mittelalterliche Burgen in Hessen: 800 Burgen, Burgruinen und Schlösser. Gudensberg-Gleichen 2000: S. 56 (links oben). – Franz X. KRAUS: Die Kunstdenkmäler des Grossherzogthums Baden. Bd. 1: Die Kunstdenkmäler des Kreises Konstanz. Freiburg i.Br., 1887: S. 10, 72 (links oben), 88 (rechts unten). – Ad. Lehmann's kulturhistorische Bilder, Nr. 2. Leipzig 188: S. 14. – K. LIST: Die Tiefburg Lahr - ein staufisches Schloß. In: Nachrichtenblatt der Denkmalpflege in Baden-Württemberg 9, 1966: S. 55 (links oben). – Michael LOSSE: Die Kreuzritter von Rhodos. Bevor die Johanniter Malteser wurden. Ostfildern 2011: S. 2, 105. – Matthäus MERIAN: Topographia Helvetiae, Rhaetiae et Valesiae (Schweiz), ... 1642/1654 etc.: S. 25 (Mitte links), 44, 58 (oben), 68 (links), 91 (links). – Matthäus MERIAN: Topographia Sueviae (Schwaben), 1643/1656 etc., S. 15 (rechts), 37 (unten), 49 (links). – Matthäus MERIAN: Topographia Alsatiae etc. (Elsass), 1643/44 und 1663 etc.: S. 15 (links). – Matthäus MERIAN: Topographia Palatinatus Rheni et Vicinarum Regionum (Rheinpfalz), 1645/1672ff: S. 30, 65 (rechts unten), 69 (rechts). – Matthäus MERIAN: Topographia Archiepiscopatuum Moguntinensis, Trevirensis et Coloniensis (Erzbistümer Mainz, Trier und Köln), 1646/1675ff: S. 45 (beide), 60 (unten), 65 (oben), 70 (links unten), 76. – Matthäus MERIAN: Topographia Hassiae et Regionum Vicinarum (Hessen), 1646/1655 etc.: S. 32 (rechts oben), 56 (rechts oben), 61, 64, 67, 86. – Matthäus MERIAN: Topographia Franconiae (Franken), 1648/1656ff: S. 32 (links; rechts unten), 34, 35 (beide), 80 (links unten), 81 (links oben). – Matthäus MERIAN: Topographia Electoratus Brandenburgici et Ducatus Pomeraniae (Brandenburg und Pommern), 1652/1680ff: S. 33 (rechts). – Matthäus MERIAN: Theatrum Europäum ..., Bd. IV., 1643: S. 107. – Carl MICHAELIS (Hg.): Rheinische Burgen nach Handzeichnungen Dilichs (1607). Mit Beiträgen von C. Krollmann und Bodo Ebhardt. Berlin 1900: S. 47, 56 (links unten), 57 (links unten). – Nachrichten aus der Rheinischen Denkmalpflege, Nr. 3/4, 1919: S. 112 (beide). – Heinrich NEU/Walther ZIMMERMANN: Das Werk des Malers Renier Roidkin. Ansichten westdeutscher Kirchen, Burgen, Schlösser und Städte aus der ersten Hälfte des 18. Jahrhunderts. Düsseldorf 1939: S. 25 (oben links). – Wilhelm PIEPERS: Burg Holtrop. Tausend Jahre Baugeschichte einer niederrheinischen Wasserburg (Bergheimer Beiträge zur Erforschung der mittleren Erftlandschaft, 1). Bedburg-Erft 1960: S. 51. – Pierers Konversationslexikon. 7. Aufl. Mit Universal-Sprachen-Lexikon nach Prof. Joseph Kürschners System. Hg. Joseph Kürschner. Stuttgart 1891:

S. 41. – Otto PIPER: Burgenkunde. Bauwesen und Geschichte der Burgen (Nachdruck der verbesserten und erweiterten 3. Aufl. von 1912). Frankfurt und München 1967: S. 21, 49 (rechts), 52 (oben), 54 (rechts), 70 (links oben und rechts), 71 (links oben), 74 (oben Mitte und rechts; links Mitte), 82 (unten rechts), 83 (links Mitte), 84 (links unten; rechts), 85, 87 (beide), 88 (links beide; rechts oben), 89 (alle), 90 (rechts), 91 (rechts beide), 94 (links), 103, 104 (beide), 106. – Guillaume REY: Étude sur les monuments de l'architecture militaire des croisés en Syrie et dans l'île de Chypre. 1871: S. 66. – Hartmann SCHEDEL: Schedel'sche Weltchronik (Nürnberger Chronik). 1493: S. 37 (oben), 60 (oben). – Gustav SCHÖNERMARK (Hg.): Die Architektur der Hannoverschen Schule. Hannover 1888-95 (Bd. I, 1888/89): S. 115. – Carl SCHUCHHARDT: Die Burg im Wandel der Weltgeschichte. 1931: S. 17 (links). – Stephen C. SPITERI: Fortresses of the Cross. Hospitaller Military Architecture (1136-1798). Qormi (Malta) 1994: S. 42, 63, 73, 77 (unten), 78, 79 (beide), 80 (oben), 81 (unten rechts), 82 (rechts oben), 83 (oben). – Ernst STAHL: Jugendherbergen in geschichtlichen Denkmälern. In: Rheinischer Verein für Denkmalpflege und Heimatschutz (Hg.): Rheinische Jugendherbergen, 1927: S. 114 (beide). – K. E. STEINBRECHT: Preußen zur Zeit der Landmeister. Berlin 1888: S. 62. – Gustav STEINLEIN: Die Baukunst Alt-Münchens. Eine städtebauliche Studie über die Münchener Bauweise von der Gründung der Stadt bis Ende des 16. Jahrhunderts. München 1920: S. 74 (links oben). – Wilhelm TELLE: Aus der Geschichte Überlingens. Mit einem Anhang, zusammengestellt von Alfons Semler. Überlingen 1928: S. 77 (links oben). – William TOMBLESON: Views of the Rhine, um 1840: S. 84 (links oben), 109, 110, 111. – Ernst WACKENRODER: Die Kunstdenkmäler des Kreises Prüm (KD Rheinprovinz 12, II). Düsseldorf 1927: S. 55 (rechts oben). – Ernst WACKENRODER: Die Kunstdenkmäler des Kreises Daun (KD Rheinprovinz 12, III). Düsseldorf 1928: S. 27; S. 33, links.

Kontakte zur Bauforschung

Wer fundierte Bauforschung, historische und archäologische Forschungen an seinem Baudenkmal durchführen lassen möchte, sei zuerst auf die zuständigen Denkmalämter verwiesen. Darüber hinaus bieten folgende renommierte Büros verschiedene Forschungsmöglichkeiten „rund um die Burg": 1.) Das Freie Institut für Bauforschung und Dokumentation e.V. (IBD); die Untersuchungsbereiche an einem Objekt können dabei die Dokumentation und Analyse der Konstruktion, die Untersuchung der historischen Ausstattungen ebenso wie archäologische Ausgrabungen umfassen und schließen die historischen Quellen mit ein. Aufgabenbereiche: Zeichnerische Dokumentation; Photogrammetrie; Analyse und Datierung; Ausstattungen; Archäologie; Archivrecherche; Dokumentation; Publikationen. Kontakt: Freies Institut für Bauforschung und Dokumentation e.V., Barfüsserstr. 2a, 35037 Marburg, Tel. 06421-12036, http://staff-www.uni-marburg.de/~altwasse/ibd.html. – 2.) Büro für Burgenforschung Dr. Zeune. Als einziges Büro in Europa bietet das BfB ein Komplett-Servicepaket verschiedenster Dienstleistungen rund um die Burg an, u.a. Archäologie; Architekturfotografie; Archivalienforschung; Ausstellungskonzeptionen; Bauforschung; Bestandsdokumentation; Modellbau; Rekonstruktionszeichnungen; Sanierungskonzepte; Schadenskartierung; Seminare/Vorträge. Kontakt: Dr. Joachim Zeune, Büro für Burgenforschung, Dorfstr. 16, 87637 Eisenberg-Zell, Tel. 08363-94430, E-Mail joachim.zeune@t-online.de . – 3.) Stefan Uhl Büro für historische Bauforschung, Dr.-Ing. habil. Stefan Uhl, Panoramaweg 31, 88447 Warthausen an der Riß, Tel. 07351-73509.

Zum Autor

Dr. Michael Losse M.A. (*1960), Historiker, Kunsthistoriker, Burgen- und Festungs-forscher, studierte in Marburg. 1987-97 freier wissenschaftlicher Mitarbeiter im Deutschen Dokumentationszentrum für Kunstgeschichte/Bildarchiv Foto Marburg am Kunstgeschichtlichen Institut der Phi-lipps-Universität Marburg; Lehraufträge ebd. 1997-99 Lehrstuhlvertretung am Lehr- und Forschungsgebiet Baugeschich-te/Geschichte des Städtebaues/Denkmal-pflege der Universität Kaiserslautern. 1997-2006 Vizepräsident der Deutschen Gesellschaft für Festungsforschung (DGF). Seit 1999 freier Dozent, Autor, Gutachter,

Burgen- und Festungsforscher. Mitglied in den wissenschaftlichen Beiräten u.a. der Deutschen Burgenvereinigung (DBV), des Hegau-Geschichtsvereins (HGV) und im EUROPA NOSTRA Scientific Council. Ver-fasser zahlreicher Burgen-Bücher, Fach- und Lexikonartikel. Mitarbeit u.a. an: *All-gemeines Künstlerlexikon. Die Bildenden Künstler aller Zeiten und Völker, Pfälzisches Burgen-Lexikon* und *Burgen in Mitteleuropa. Ein Handbuch*, hrsg. von der Deutschen Burgenvereinigung. Initiator und Ent-wickler der „Burgen-Erlebniswege Hegau, angrenzende Schweiz, westlicher Boden-see".

Register

Sei gerüstet und verdiene Dir die Sporen, damit Dir niemand das Wasser reichen kann und alle vor Neid erblassen.

Viele Redensarten, die uns „in Fleisch und Blut" übergegangen sind, stammen aus dem Mittelalter. Hier wird ihre Herkunft erklärt. Ein Buch auch zum Schmunzeln.

„Der unterhaltsame Band bietet viele Aha-Erlebnisse.**"**   *P.M. HISTORY*

„Ein absolut empfehlenswertes Buch, das man bis zum Ende nicht mehr aus der Hand legt.**"**   *KARFUNKEL*

„Knackige Erklärungen zu altertümlichen Formulierungen, die Hand und Fuß haben**"**
            ZILLO MEDIEVAL

Der Autor Gerhard Wagner ist Geschäftsführer der deutschen Burgenvereinigung und Burgvogt auf der Marksburg am Rhein.

€ 4,95   ISBN 978-3-939722-31-1
Gebunden, 128 Seiten, Format: 16,5 x 19,8 cm

Ebenfalls im Programm des Regionalia-Verlages erhältlich

„Allerley Spielerey" heißt dieses Buch, das allerley Kurzweyl beschert. Sage und schreibe siebzig mittelalterliche Spiele werden in diesem Buch aufgeführt – in einer Weise, dass sie problemlos nachgespielt werden können: Kubb und Höckeln, Sauball, Malorta, Bulka und Hnefatafl, Nagelschlagen, Baumfußball, Kurierschach undundund ...

„Man bekommt ein Buch in optisch und qualitativ schöner Ausstattung mit sehr hohem Gebrauchswert, praxisorientiert und für den Mittelaltermarkt wie auch für zu Hause bestens geeignet. Sollte man sich nicht entgehen lassen!**"**   *KARFUNKEL*

€ 4,95   ISBN 978-3-939722-38-0
Gebunden, 128 Seiten, Format: 16,5 x 19,8 cm